挑战古人100天

云葭 著

北京联合出版公司
Beijing United Publishing Co.,Ltd

图书在版编目（CIP）数据

挑战古人100天 / 云葭著. -- 北京 : 北京联合出版
公司, 2021.8（2024.6重印）
　　ISBN 978-7-5596-5370-3

　　Ⅰ.①挑… Ⅱ.①云… Ⅲ.①社会生活－历史－中国
－古代－通俗读物 Ⅳ.①D691.9-49

中国版本图书馆CIP数据核字(2021)第116597号

本书中文简体版权归属于银杏树下（北京）图书有限责任公司

挑战古人100天

著　　者：云　葭
出 品 人：赵红仕
选题策划：肖　恋
出版统筹：吴兴元
特约编辑：徐　洒
责任编辑：刘　恒
营销推广：ONEBOOK
装帧制造：墨白空间·肖　雅

北京联合出版公司出版
（北京市西城区德外大街83号楼9层　100088）
后浪出版咨询（北京）有限责任公司发行
河北中科印刷科技发展有限公司　新华书店经销
字数150千字　889毫米×1194毫米　1/32　7.75印张
2021年9月第1版　2024年6月第4次印刷
ISBN 978-7-5596-5370-3
定价：72.00元

写在正文前面的一些话

在阅读正文之前，希望翻开这一页的你们能匀出两分钟时间，耐心看完这篇文字。感恩。

先来说说为什么要写这本书吧。某天我和编辑闲聊，聊着聊着我们就很感慨现如今的生活节奏太快，有时候会让我们感受到压力，有时候会让我们产生一些消极的情绪——并不是觉得现在的生活不好，而是骨子里的惰性使然，我们都很羡慕那些与"琴棋书画诗酒花"为伴的古人。用网络流行语来说就是，好想去古代当咸鱼啊！

这个想法一出来，编辑对我说，就用这个书名了，你写一本这样的书吧，介绍介绍古人的咸鱼生活。就这样，我们交换了彼此的构思，把这个一时兴起的好玩的念头变成了现实。

在我动笔之前，编辑做了很多工作，她查阅了不少资料，总结了一些古代常见的娱乐方式。并且，在创作方式上她给了我极大的空间。感谢的话不多说了，很想为这份默契干杯。正因为如此，才有了这本书。

几年前，我写过诗词赏析类的文集，所以我先入为主的想法是，结合现有的知识储备，再查阅一些典籍，把古人那些有趣的、优雅的、安逸的生活方式呈现给大家，力求精准、严谨。但是这一想法很快就被我否认了。我仔细思考之后觉得，既然是介绍古人的咸鱼生活，那么，太严谨的文字是不是无法戳到大家的共鸣点？既然这是一本轻松的书，那就用轻松的方式来写吧，我写得轻松，大家看得也轻松。

为了让大家更好地代入文字，我用了几个人物来串剧情——他们的作用相当于我们的"眼睛"，通过他们每一天的衣食住行等日常，我们就能轻松地知道，哦，原来古人的咸鱼生活是这样的！当然，有必要说明的是，正文中提到的几个人物以及他们身上发生的故事，都是虚构的，只有涉及的相关知识点是真实的。我只是想用这些故事辅助大家去了解那个年代的种种，仅此而已。所以大家放心阅读就行，不用纠结人物原型，也不用去查相关事件的资料。

熟悉我的读者可能都知道，我对历史一向蛮感兴趣的，尤其是汉唐时期的历史。不过在我另一本书的写作过程中，我接触了很多宋朝文化，然后我突然发现，宋朝真的是一个很可爱的朝代啊！为什么说她可爱呢，因为宋朝人实在太会生活了，且不拘一格。比如，宋朝是没有宵禁的，夜市通宵达旦营业，灯火通明，什么样的小吃都能在夜市上找到；宋朝的酒楼包容性极强，不仅在餐饮服务上满足了客人的需求，还为从事跑腿、斟酒等闲散职业的人提供了营生；宋朝的女子可以学习马球、投壶和捶丸，还可以从事演艺、相扑等娱乐性工作。没错，就是你们理解的那个相扑。诸如此类，多种多样。这也是为什么我选择把叙述的主视角放在了宋朝，我非常热忱地希望，大家能像我一样，了解并热爱那个时代。

从事写作多年，这是我第一次以享受的心态去写一部作品，或许是因为把向往的一些东西付诸文字了吧。每写一章，我觉得自己就像笔下人物一样，跨越时光把他们的生活都经历了一遍。有这样的感受，也不枉对他们羡慕一场，很欣慰。

想啰唆的话都在这里了，再次感谢你们能耐心看完。希望即将开始阅读的你们，能在字里行间感受到古人生活的美，也能够珍惜当下。

云葭

2020 年 12 月 30 日

目　录

喝

茶

篇

一

闺密的下午茶

　　一千多年前的某个午后，正在小憩的李小娘子从梦中醒来，收到了婢女送来的一张花笺。她打开一看，原来是闺密孙姑娘送来的。孙姑娘书曰："亲爱的，这几日天气甚好，我准备在家组织一个茶话会。明天下午三点，不见不散呀。"

　　李小娘子放下花笺，开始为明天的下午茶做准备了。

　　那时候的下午茶不像现在这么随意，嗑嗑瓜子聊聊天，吃吃甜品拍拍照，凑够九宫格发朋友圈完事。宋朝特有的下午茶非常讲究，官方名称叫作点茶。

　　点茶不仅是当时流行的品茶方式，更是亲朋好友间以茶会友的娱乐方式，因此这样的活动又被称为斗茶。点茶的基本技艺大致分以下几步：1.把烘干的茶饼碾成粉末，放入茶盏；2.冲入沸水，把茶粉调成糊状；3.用特定的茶筛子不停地搅拌，出沫为止。

　　听上去是不是有种很熟悉的感觉？没错，宋朝的这种点茶方法，就是现如今日本抹茶的鼻祖了。

　　李小娘子其人，宋朝标准文艺女青年，貌美慵懒，猫系性格，平日里最大的爱好就是写写诗词作作画，时不时跟姐妹们组织吃喝玩乐局，要么斗茶，要么泛舟，小日子过得有滋有味。点茶是李小娘子的爱好之一，她的点茶技艺堪称朋友圈魁首。身边的朋友但凡有类似的局都会叫上她，一来助兴，二来也好给自己长长脸，毕竟，谁不想有个才艺双绝的朋友呢。

收到孙姑娘这一邀请，李小娘子做的第一件事就是让婢女把自己精心制作的茶饼都找了出来。她爱喝茶，自然有收藏好茶的习惯，往日朋友亲戚送礼，也会臻选一些好茶叶送给她。

婢女呈上李小娘子先前晒制的几个茶饼，李小娘子选了最适合闺密口味的一款，让婢女包好，待明日茶话会用。

翌日午后，孙姑娘家莺莺燕燕，热闹非凡，都是她平日来往密切的好朋友。妹子们都是精心打扮过的，环肥燕瘦，宛如一场选美大会。大家难得聚那么齐，在下午茶正式开始之前，先来了几轮八卦局，比如张家小姐最近订亲了，周家公子考中了进士，李家……正说到李小娘子，话题在李小娘子进屋那一刻戛然而止。跟在身后的婢女端了一套点茶工具，还有刚碾好的茶粉。

李小娘子不是迟到，而是去后堂碾茶粉去了。碾茶这一过程比较耗时，且这屋子里人多，她习惯在安静的环境下做准备工作。

随着李小娘子进屋，大家闻到一阵很特别的茶香，宛如山间新芽。有眼尖的人马上看到了李小娘子婢女端着的托盘，于是问李小娘子："你是在哪家店买的茶饼，好香啊，推荐一下呗。"

李小娘子掩嘴笑："我不习惯在外面买茶饼，这些都是我自己晒的。"

"是用什么茶叶晒的？"

"福建建州产的茶。"

"哇，好香啊，下次有好的茶叶约姐妹们一起晒茶饼啊！"

"好啊好啊。"

一番闲聊，大家已经相约改日一起晒茶叶制茶饼。因为大家明显感觉到了，李小娘子的茶饼和她们从外面买来的完全不一样——除非是对茶有特殊爱好的人，不然不会费那么多时间自己晒制茶饼，市面上多的是成品售卖。甚至还有碾好的茶粉出售，省时省力。在座大部分姑娘都是直接带着碾好的茶粉来的。

东道主孙姑娘客套了几句，宣布进入了今日茶话会的主题：斗茶。姑娘们跃跃欲试，都想展示一下，她们在家可没少学这点茶的花样。

李小娘子的茶粉是刚碾好的，还带着清香，占了第一个优势。她和其他人的操作步骤差不多，先把茶粉放入茶盏，倒入沸水，调成了糊后用茶筅击拂出沫。

按照斗茶的规则，谁的茶汤颜色更白，茶沫沾着茶盏的时间更长，谁就赢了。这两个比赛规则分别被称为斗汤色和斗水痕。

毫无悬念，李小娘子在这两方面都更胜一筹，赢了斗茶的第一局。在这个春日里，她参加过大大小小各种姐妹斗茶局，几乎没有败绩。

姑娘们相互交换茶盏品茶，不由得对李小娘子的手艺心服口服。自己晒制的茶饼就是不一样！

闲聊了一会儿，孙姑娘又提出了茶话会的第二轮比试——分茶，又称茶百戏。

分茶的难度系数比较高，不仅要挑选上好的茶饼，使得杯中茶能被击拂出丰富的茶沫，还得借助茶沫在茶汤上作画。一千多年后的现在，有手艺的人们在咖啡上也可以表演这项绝活，叫作咖啡

拉花······

分茶是宋朝茶艺高手们用来陶冶情操的，既能让原本枯燥的点茶具有趣味性，也能提高茶话会的格调，深受当朝文艺男女青年们的喜爱。按照他们当时的眼界，分茶图案大多是文字，山水、花鸟虫鱼等自然景观。

李小娘子今日分茶作品是一幅鸳鸯戏水图，比起其他姑娘的山水图，她的作品难度系数更高，也更生动。自然，她又赢得了第二轮比赛。

闺密这么给力，孙姑娘甚是开心，赶紧吩咐婢女端上了水果点心。顺便，这两轮比试之后，她们已经定好了下次聚会的主题——一起晒茶饼。

夜幕降临时，姑娘们才依依不舍，告别回家。

📖 小知识

1. 两宋时期，福建建州产的茶叶很受欢迎，其中不少珍贵品种是上供给帝王的贡品。据说斗茶也兴起于建州，兴起原因是茶农们比试茶叶优劣。

2. 宋朝茶文化盛行，宋徽宗就是位点茶高手，他写过一部关于茶的论书，叫《大观茶论》。

3. 点茶在宋朝有极高的艺术地位，和焚香、挂画、插花并列，无论富贵人家还是平民百姓都很享受这些生活方式。

老祖宗喝茶会加佐料

李小娘子带姐妹们晒制了几次茶饼，颇有成效，她"茶艺女王"的称号不胫而走。在那个朴素的年代里，茶艺女王当然只是字面意思啦。

这一天，热衷搞聚会的孙姑娘又有了新的主意，普通的下午茶已经满足不了她了，为了保住派对女王的头衔，她得来点创新。于是，李小娘子的花笺上是这样写的：哈尼，后天又是聚会日啦，姐妹们对你的茶艺课十分期待，这次我们能不能来点新花样，试试泡不一样的茶？

说到新花样，李小娘子有些头秃。选茶叶、晒茶饼、点茶、分茶……和茶有关的她都展示过了，还有什么新花样？

看到李小娘子冥思苦想，婢女也替她为难："喝茶的方式就那么几样，再翻新也翻不出什么花来啊！"

听了婢女的话，李小娘子灵光一闪。不能翻新，那就温故呗。她兴冲冲地给闺密回了信，然后把自己关进书房，温习前人喝茶的方式去了。

李小娘子以前听她爸提过，老祖宗喝茶不叫喝茶，叫吃茶。之

（南宋）刘松年《卢仝烹茶图》

所以叫吃，是因为他们真的会往里面加各种佐料——盐、姜、葱、桂皮、陈皮等。她爸还给她演示过几种吃茶的方式。在唐朝，这些吃茶方式统称为煎茶。

李小娘子回忆了她爸演示的煎茶步骤，又翻开陆羽的《茶经》研究了一番。

唐代的煎茶法始于陆羽，后经改良简化，大致步骤为：1. 炙烤茶饼，碾碎成碎末；2. 筛去细碎部分，留下茶末；3. 将茶末和各种佐料放置在一起煎制。

对于今人而言，煎茶法听着似乎有些暗黑，而且茶粉跟七七八八的佐料一起煮，不像煎茶，更像熬汤。不过，现如今两广一带流行的擂茶，就有唐人煎茶的影子。

李小娘子结合她爸之前的示范，还有《茶经》中所阐述的，慢慢琢磨出了其中精髓。为了在茶话会上不出岔子，她决定先彩排一下。她翻箱倒柜找出了她爸的煎茶工具，在爸妈面前演示了一遍，深受好评。虽说唐人和宋人喝茶方式不一样，但万变不离其宗，她茶艺女王的名号不是白叫的。

日出月落，很快又到了孙姑娘的下午茶局。随着天气渐渐变热，姑娘们换上了轻薄的夏装。孙姑娘瞄了一眼大家的穿着，有了新灵感，下次她似乎可以搞一个时装秀。

李小娘子事先没有告诉孙姑娘她要搞的新花样是什么，当她带着新工具姗姗来迟，大家都有些蒙圈，她们以前没见过这些奇怪的工具。不是说喝茶么？怎么看着好复杂的样子？有好奇的妹子悄悄数了下李小娘子婢女端着的工具，大大小小足有二十多种。

李小娘子看出了大家的疑惑，她骄傲地宣布："今天我要给大家演示的是前朝流行的喝茶方式，叫作煎茶。"

婢女按照李小娘子的吩咐，将工具一一摆好，其中最不可缺的一样是她让人特地从郊区山中取来的泉水。山泉水煎茶，茶更清香。

这一次，李小娘子难得在人前碾茶粉。没办法，煎茶和点茶不一样，翻烤茶饼也是煎茶过程中非常重要的一个步骤。她小心翼翼将烤好的茶饼趁热包好，生怕香味散去。等到茶饼冷却，她将茶饼碾成了米粒大小。

这时，锅中的水也煮沸了，李小娘子往里面加了盐。水再次沸腾的时候，她取出一勺备用，倒入了茶末，用竹夹搅动。煮沸后，她把先前取出的备用水倒进去止沸，这时候，茶汤表面渐渐生出了茶沫。至此，茶汤也就煎好了。

细品了李小娘子的煎茶，姐妹们若有所思。有的人甘之如饴，有的人觉得新奇，有的人喝得不太习惯。但无论如何，李小娘子能把前人的煎茶复原得这么到位，小姐妹们交口称赞。

📖 **小知识**

1. 煎茶是茶圣陆羽在《茶经》中记载的一种喝茶方式。关于煎茶所用之水，陆羽认为，"山水上，江水中，井水下"。

2. 煎茶在唐朝十分流行，宋朝时期，由于点茶法越来越风靡，煎茶法逐渐式微，只有少部分地区的人还有煎茶的习惯。据记载，到了南宋晚期，煎茶法才逐渐消失。

3. 广东的擂茶，里面会加入大米、花生、绿豆、茶叶等，捣成糊状冲泡，可解渴、充饥，和煎茶有相似之处。

踏

春

篇

挑战人
古100天

———

在画卷中见证曾经的春日盛况

　　寒食节过后，春暖花开，汴京城里也渐渐热闹起来。李小娘子的婢女去集市采购，回来跟她描述了人们出游的盛况，她一脸羡慕。

　　李小娘子慵懒地靠在塌上看一本唐朝的诗集，很巧的是，她看的诗描绘的就是长安城的妇人们去踏春的画面。她把书合上，伸了个懒腰。她不是不想出门，只是最近孙姑娘被她哥督促着练字，她不能撇下闺密单独出去享乐。而且她爸也说了好几次，让她趁着眼下景色优美，多汲取灵感，写点优秀作品出来。

　　如此良辰美景，她们闺密俩却都被关在家里"写作业"，真是太可惜了！李小娘子心痛，吩咐婢女："帮我拿个外套，我去院子里逛逛。"出不了门，她只能在院子里赏景了。

　　李小娘子的院子里有个小池塘，里面养了几尾锦鲤。春天来了，连鱼都游得格外欢快。池塘边的桃树早就开满了花，枝头上一簇一簇的，引来了成群的蝴蝶。

　　李小娘子一边散步一边作诗，兴致盎然。这时候她听到墙外传来说话声，婢女提醒她："好像是你堂哥李郎来了，刚才听夫人说李郎要来送东西。"

婢女话刚说完，李郎进了院子，手里拿了一个卷轴。

"妹妹好啊，今天天气这么好，你怎么没出去踏春？"

"我倒是想出去，最近每天忙着写作业呢，我爸回来要检查的。"

李小娘子是个文化人，就算她爸不说，她也免不了要动动笔墨的，不然都不好意思以文艺女青年自居。

"你呢，怎么突然来我家了？"李小娘子看了一眼李郎手中的卷轴，好奇，"拿着的是什么画啊？"

"你爸不是喜欢收藏前朝字画吗，我最近刚收了一幅，得空马上

（唐）张萱《虢国夫人游春图》

给他送来了。你妈说你爸访友去了，还没回来，我就想先拿来给你看看。"

"能让你这么宝贝的，看来是幅佳作啊。"

李小娘子把李郎迎进屋，让婢女倒了茶，他们认认真真开始赏画了。

李郎给她介绍，这幅《清明游春图》是唐朝无名氏作品，但绘画技艺并不比一些名家逊色，描绘的是十几个唐朝贵族男女在湖边踏春的场景，有的赏花，有的吟诗，有的游船，有的斗草……画中场

（宋）王诜《莲塘泛舟图》（局部）

景大概发生在清明节当天，所以叫了这个名字。

"怪不得你这么着急来给我爸送画，原来是要赶在清明前啊。太有心啦。"李小娘子夸赞。她仔细端详手中的画，思绪也像是飞进了画里。

唐朝民风开放，百姓生活富足，是一个全民热衷游玩的时代。一到清明，长安城的百姓便聚集到郊外，骑马踏春，陶冶性情。贵族男女更是会直接在水边举行宴会，有食物酒水、歌舞器乐，场面又隆重又热闹。

也是从唐朝起，踏春开始有了仪式感，而且踏春一度成为当时的"相亲大会"。不少情窦初开的少男少女就是在踏春的时候遇见了心上人，可以说，那是一个创造自由恋爱的绝佳契机。

李小娘子时常羡慕唐朝的女子，她们似乎活得更恣意。就好比眼前的这幅画，右上角的杏花树下，三位少女穿着鲜艳的齐胸襦裙，开怀大笑。湖面上有一叶扁舟，一男子正在划船，两名少女坐在船头，其中一位把脚放进水中嬉戏。画的左下角，一名盛装打扮的妇女正骑着马，马蹄边围绕着两只蝴蝶。

"这里，为什么蝴蝶要围着马蹄飞？"李小娘子好奇，指着画问李郎。

李郎笑着作答："既然是骑马踏春，这马蹄肯定是踏进过花丛，留有余香，吸引了蝴蝶。"

"原来如此。他们太会享受生活了，看得我好羡慕。"

"这有什么可羡慕的，你要是想出去玩，随时都能出门。这不马上就到清明了吗，有没有兴趣跟我去郊外走走？"

李小娘子眼前一亮："我也是这样想的。等我约上我闺密，我们大家一起呀，人多热闹。"

"好啊，那我再叫上我的几个朋友，清明那天我们城郊湖边见。"

"你带上琴，我带些糕点，我们可以在湖边一边赏花一边野餐。"李小娘子规划得很好，想想都觉得高兴。她准备给孙姑娘写个帖子，让她记得把风筝带上。闻着花草香奔跑在郊外的湖边，那该多惬意啊！

李郎和李小娘子聊得很投机，两人都很高兴。不一会儿，婢女来报，说李小娘子的爸爸李老爷回来了，李郎这才告辞，拿着画找他叔叔去了。

李小娘子还沉浸在对画中春日的畅想中，她面带微笑，提起笔给闺密写信。

📖 小知识

1. 自先秦时期起，古人就有春日出游的习俗。那时的人们选在上巳节这一天在水边举行被除不祥的仪式，兰汤沐浴，斋戒祭祀，《诗经》中不少关于爱情的名篇，其故事就发生在这种情况下。魏晋以后上巳节逐渐成了水边宴饮的节日。

2. 春日出游在唐朝成为风气，无论男女皆聚集在郊外，纵情山水。名画《虢国夫人游春图》记录的就是唐朝贵族妇女踏春的画面。

春花烂漫的季节，适合一见钟情

清明的一大清早，李小娘子穿上了她妈妈亲手给她绣的新鞋子。这双绣鞋有着春天一样粉嫩的颜色，鞋面上各绣了一只飞舞的蝴蝶，侧面绣着朵朵桃花，绣工极其精巧。李小娘子开心极了，不由得开始佩服她老妈的手艺。难怪老妈经常吐槽她"手残"，刺绣作品完全不能看。果然啊，没有对比就没有伤害。

婢女跟着欣赏李小娘子的新鞋子，开始吹彩虹屁："哇，这双鞋真是太好看啦，穿在你的脚上简直是足下生辉，跟你的这身衣裙也极其相配！"

李小娘子被夸得很开心，临出门前特地照了照镜子。她穿了身鹅黄色的褙子，梳了流苏髻，戴着步摇，身姿摇曳，顾盼生辉。她对自己的装扮满意极了。

宋朝的女孩们有个不成文的规定，踏春一定要换上最好看的衣服和鞋子，尤其是绣鞋，那可是踏春出游的点睛之笔。有的女孩甚至刚一开春就会准备绣鞋，以求能在清明那天精彩亮相，赢得姐妹们的赞美声。

孙姑娘和李小娘子在差不多的时候抵达了湖边，她们上上下下打量彼此的装扮，开怀大笑。孙姑娘今天也是精心拾掇过的，她难得穿这么烦琐的衣服。李小娘子瞄了一眼她的绣鞋，一看就是花了不少钱买的，绣花复杂而精美，绝对是重工制作！

扫视了一圈周围女孩们的绣鞋，李小娘子心里嘀咕，孙姑娘绝对赢了，钱真是个好东西，能买来漂亮的衣服鞋履，还能买来好心情！

孙姑娘发现李小娘子在看自己的绣鞋，得意扬扬："我妈在潘楼街的鞋店定做的，物超所值，推荐你下次也去他们家买鞋。"

李小娘子问了是哪家店，然后连连摇头。那家店太贵了，她要买这么贵的鞋子，她妈会打死她的。

春风吹来，空气中弥漫着花香和青草香。放眼望去，这四周山上的桃花都盛开了，桃花林中夹杂着梨花、杏花、迎春花。在这个鲜花争奇斗艳的日子，湖边的妹子们也争奇斗艳，一个个花枝招展，像画里走出来的人。

孙姑娘打发婢女在湖边铺了一块绣花布，把从家中带的零食摆了出来。有杏干、枣糕、香糖果子、肉脯。李小娘子也让婢女从马车把她带的糕点取了过来，她比较专业，带了青团、米糕、奶酪，还有一壶杏花酒。

青团是李小娘子亲手做的，每年清明她都会在她妈的指导下动手做些小糕点。孙姑娘尝了一块，连连称赞。

两人吃了些糕点，喝了一小杯酒，又跟其他朋友们聊天嬉戏了一番，李郎才出现。他大老远喊李小娘子的乳名，跟她打招呼。

孙姑娘听见声音，抬头一看，只见一个穿着青衫的翩翩少年走下马车。她脸瞬间红了，心想这位男士长得也太帅了吧！她觉得自己要恋爱了!

孙姑娘这一反应,李小娘子全看在眼里,心想,怪不得踏春自古以来就是个大型相亲会。看,这不就有一见钟情的了吗。

"我介绍一下,这位是我堂哥李郎,这位是我闺密孙姑娘。两位打个招呼吧。"李小娘子笑嘻嘻,并没戳破闺密的心思。她假装不高兴,埋怨李郎:"你迟到了一个小时哦,怎么到现在才来?"

"跟我爸妈说好了一早去祭祀,我妈早上起来身体不太舒服,耽搁了。刚祭祀回来,我就赶紧过来了。"

说到祭祀,李小娘子想起来了:"我爸妈也去祭祀了,他们这次没叫我,估计知道我懒。"

"前几天刚下完雨,山野路滑,你们女孩子不去是对的。我们在山间碰到你爸妈了。"

李小娘子心想,肯定会碰到的,她爸和李郎的爸是亲兄弟,祭祀的也是同一祖先。

他们交谈了一会儿,李郎的朋友们远远地看见他,都过来寒暄了一圈。其中一位拿着琴的男同胞跟李郎很熟的样子,叫赵公子。李郎介绍说那是他好朋友,他让赵公子坐下给大家弹一曲。

孙姑娘时不时偷瞄李郎,心跳加速。李郎浑然未觉,吃着妹妹做的青团,听着朋友弹奏的曲子,怡然自得。一曲完毕,大家鼓掌,恭维了赵公子一番。

李小娘子怕孙姑娘的小女儿心思太明显,赶紧拉着她放风筝去了。连她都看出来了,身边两位公子迟钝是迟钝了点,但也迟早会发现的。现在可还不是表白的时候呢,女孩子还是要矜持些的,何况孙姑娘还是个大家闺秀。哎,闺密太花痴,她真是头疼啊!

远离李郎,孙姑娘立刻正常了。她和李小娘子一前一后,人手一个风筝，不一会儿就放得很高了。其他姑娘见她们的风筝飞得那么高，也围过来凑热闹。

李小娘子拉着风筝线小跑着，耳边的风带着春日的香气，她完全陶醉了。这个时候她再也不羡慕画中的唐朝女孩们，因为她们其实都一样，都有着一颗热爱生活的心。

📖 小知识

1. 祭祀本来是寒食节的习俗，魏晋时期祭祀基本安排在寒食节，但由于寒食节和清明离得太近，到宋朝，人们逐渐把寒食和清明的习俗合二为一，他们会在清明这一天祭祀，也会去郊外踏春。

2. 宋朝饮食文化丰富，除了青团，清明那天，汴京城的街头和庙会上有很多小吃售卖，如稠饧、米糕、麦饭、奶酪、杏仁粥等。

3. 宋人很重视踏春出游的仪式感，清明当天妇女们会化精致的妆容，穿戴隆重出行，尤其会换上一双精美的绣花鞋。她们在郊外的娱乐活动也很丰富，如放风筝、斗草、赏花等。

插花篇

挑战古人100天

一

如果感到无聊，就去集市听一听卖花声

汴京城的春天是一年四季中最美的时候。城中的女孩们不仅喜欢结伴去郊外踏春，更喜欢举办以插花为主题的派对。宋人风雅，几乎人人爱花，商贩们会赶在春暖花开的时节采购鲜花，带到集市上售卖。

这一天，李小娘子在家中闲来无事，觉得很无聊。婢女撺掇她出门走走，说这么好的日子待在家太浪费光阴了，不如去集市逛逛，听听货郎的卖花声，感受一下汴京城里的春天气息。李小娘子听了，觉得这是个好主意，于是吩咐马车，在婢女的陪同下出门了。

快到潘楼街的时候，李小娘子掀开马车的帘子往外看。大街上实在太热闹了，挑着担子的货郎比比皆是，四处都能听见卖花的吆喝声。这吆喝声不仅在闹市区此起彼伏，周边小巷子也余音袅袅，不绝于耳。有卖杏花的，卖芍药的，卖棣棠花的……

李小娘子这样的文艺女青年，自然比普通人更爱花，她插花的技术在她一众朋友中也可圈可点。

在宋朝，插花是大户人家女孩的必学课程，官宦家庭会请专门的插花师傅来家里授课。可以说，插花这门艺术，在当时的地位一点都不比诗词歌赋低。

李小娘子十岁左右，她的妈妈李夫人就手把手教她插花了。李夫人是世家出身，插花这种小事对她来说简直是信手拈来。李小娘子自诩手艺不错，但是跟她妈这样的高手相比还是有些距离的。除了插花，李夫人还擅长刺绣、马球、投壶、合香……除了诗词书画，其他方面李夫人可以说是把她碾压得死死的了。

也正因如此，李夫人总是对李小娘子不够满意，时不时要求她学这学那，望女成凤的心非常迫切。比如前几天，李小娘子就被要求，找一天时间在家办一次插花会。李夫人准备亲自授课，让女儿邀请闺密好友们参与。

李小娘子的请柬已经发出去了，除了最好的闺密孙姑娘，她还邀请了平时玩得比较好的五六个女孩。

今日来集市逛了这么一圈，李小娘子也算明白，为什么她妈这么兴师动众要搞插花会了。眼下正是百花绽放的季节，市场上能买到的花材，属一年之最。这个时候不与花为伍，也算是浪费春光了。

李小娘子边走边看，逛到了飞虹桥边。她看见桥头一家铺子里鲜花种类格外多，而且还很新鲜，蜜蜂在四周嗡嗡飞着。李小娘子四处打量，挑了杏花、玉兰、栀子、牡丹等，让老板帮忙包好。老板见李小娘子的打扮像是大户人家，非常耐心，笑着说再附赠几枝桃花给她，让她下次带朋友来。

李小娘子等候期间，几个簪花的少年郎从她身旁走过，谈笑风生。她忍不住多看了几眼，没想到男子簪花也这么好看。

没错，宋朝男子有簪花的习俗，不仅少年人头上簪花，就连白发老翁也会在头顶簪上一朵自己喜欢的花！若是在见不到鲜花的季节，他们也会用仿真的绢花代替。历朝历代，恐怕再也找不出比宋人更爱花的了。

　　李小娘子被眼前景象陶醉，心情也像盛开的鲜花一样。她抱着老板包好的花束，高高兴兴回家了。

（北宋）赵昌《花篮图》

📖 小知识

1. 宋朝人爱花，簪花的习俗风靡一时。这一习俗不分男女老少，上自宫廷贵族，下至平民百姓，可以说人人皆爱簪花。最值得一提的是，男子簪花在宋朝十分常见，皇帝办完寿宴会赐花给百官和侍卫，大家按品级簪花。

2. 汴京城中，各大酒楼、店铺会插花吸引客人，招揽生意。《梦梁录》记载："汴京熟食店，张挂名画，所以勾引观者，留连食客。今杭城茶肆亦如之，插四时花，挂名人画，装点店面。"

3. 在宋代之前，并没有关于鲜花种植和买卖的专门行业。只因宋人对簪花和插花的喜好，不少人开始以种花、卖花为生，与花卉相关的行业也因此产生。《东京梦华录》记载，汴京城中，"万花烂漫，牡丹、芍药、棣棠、木香种种上市。卖花者以马头竹篮铺排，歌叫之声，清奇可听"。又如陆游诗，"小楼一夜听春雨，深巷明朝卖杏花"。

没有鲜花的春天是不完整的

艳阳高挂的早晨，李小娘子家一年一度的插花课堂开始了。主办人李小娘子，主讲人李夫人，参与者王姑娘周姑娘等等，都是李小娘子的手帕交，也是派对女王孙姑娘家的常交。

和往年不一样，这一次插花课的举办场地挪到了室外——李家后花园。这是李小娘子的主意，她觉得今天天气适宜，不冷不热，阳光又那么和煦，在花园边赏景边插花，得是多么享受的一件事！

受邀的姑娘们一来到李小娘子家，就被下人带去了花园。她们看见花园中摆放的桌椅，立刻猜到了主人的用意。往年她们也来李小娘子家参加插花沙龙，沙龙场地大多设在厅堂。今天能在这么开阔又鸟语花香的环境中插花，她们也觉得很惬意。

姑娘们陆续到齐了，一一入座。婢女们端上了今天插花课要用到的花材，这些鲜花都是李夫人一大早派人去集市上采购的，有牡丹、桃花、芍药、菖蒲、玉兰等，花瓣上带着露水，尤为新鲜。

李小娘子跟她的小姐妹们挨个打招呼，照例聊了些小八卦。似乎是为了配合插花的主题，今天大家穿得都很"春天"，花枝招展的。李夫人也不例外，她姗姗来迟，压台隆重出场。在场的妹子们远远看见李夫人从回廊往花园走来，她穿了件绯红的褙子，发髻上簪了朵芍药。

李夫人一走近，嘴甜的孙姑娘立刻夸了句："哇，阿姨你今天太美了，简直人比花娇。你头上的芍药都黯然失色了！"

"你又调侃我，哈哈。"这句夸赞对李夫人很受用，她笑得像个少女一样。

寒暄完毕，李夫人吩咐婢女把插花的器具也都端上来。她对姑娘们说："今年气候温暖，花开得比往年都要早。我挑选了几种适合的花材，今天我们来讲一下怎么搭配花器吧。"

摆在大家面前的花器有好几种，分别是花篮、瓷瓶、玉瓶、铜瓶。寻常人家插花，用瓷瓶居多，所以李夫人从瓷瓶开始讲起。她拿了一枝桃花，把花枝剪到了适合的长度，根据瓷瓶大小做了造型。她边插花边讲解，着重提到花枝切口要怎么剪，插入花瓶后要怎么做造型。

每个人分到的瓷瓶都是不一样的，李夫人说让大家随意发挥，但是花的造型得跟花瓶相称。姑娘们纷纷拿起花剪，根据李夫人说的，各自摆弄花的造型。

李小娘子在插花方面颇有天赋，不一会儿就完成了作业。其他人也都陆续完成了。李夫人扫了一圈，总体来说还可以。她让大家互相点评，扬长避短，一会儿用玉花瓶的时候，得避免更多问题。因为玉瓶比瓷瓶小巧精致，插花的时候尤其要注意，既要展示出花瓶的典雅，又不能让花瓶抢了花的风头。

姑娘们似懂非懂，摸索着学习。很快，她们就完成了玉瓶、铜瓶和花篮的插花课程。

讲解完花器和花材的搭配，李夫人又详细给大家讲了牡丹花的插法。牡丹被誉为花中之王，价格也比其他花材贵了不少。大户人家插花，牡丹是必不可少的。因此，李夫人觉得很有必要单独讲解一下牡丹花。

在座的女孩子们，几乎没有不爱牡丹的，孙姑娘今天头上簪的就是一朵鲜红的牡丹。

李小娘子一边修剪花枝一边感叹："可惜汴京种植牡丹的花农不多，听说洛阳城里人人家中都插牡丹呢。"

孙姑娘附和："是的是的，我也听说了。洛阳城里，富贵人家用花瓶插牡丹，市井人家用花筒插牡丹，总之春天一到，几乎每家每户都会摆上一瓶牡丹花。"

"没办法，谁让洛阳产牡丹呢。羡慕不来。"

就着牡丹花这一话题，大家又讨论了一番。

不知不觉三个小时过去了，在座每位同学都完成了几个优秀的作品。她们对这样的插花沙龙十分钟爱，纷纷提议，让李夫人多搞几次。

李家花园里，各种各样的鲜花也含苞待放。李夫人说，下次插花会可以从自己家花园里就地取材，既新鲜，又能省下一笔买花的钱。姑娘们附和，纷纷赞同。

📖 **小知识**

1. 宋朝之前，插花是流行于上层社会的艺术，大多出现在宫廷和官宦人家，以及佛堂供花。到了宋朝，插花逐渐走入寻常百姓家。现存的不少宋代画作中都能看到插花的影子，可见插花对宋人生活影响之大。

2. 洛阳是牡丹的产地，城中几乎家家户户都会有牡丹插花。据欧阳修《洛阳牡丹记》中记载："洛阳之俗，大抵好花。春时城中无贵贱皆插花，虽负担者亦然。……大抵洛人家家有花。"

3. 《梦梁录》记载，"烧香点茶、挂画插花，四般闲事，不宜戾家"，足以见得，插花在宋朝不仅地位高，而且是十分普遍的事。

焚

香

篇

女儿心事与"围炉夜话"

到了立夏，夜晚渐渐暖和起来。李小娘子本就不爱早睡，她在书房翻了会儿杂书，见夜色这么好，心血来潮想喝点酒，于是打发婢女去给她拿一壶她最爱的羊羔酒来。

婢女刚走没一会儿，又折回来了。

李小娘子纳闷："这么快？酒呢？"

婢女回答："没来得及取，我看见孙姑娘来找你了，她刚进大门。"

李小娘子十分疑惑，不知道孙姑娘抽的什么风，她们认识这么多年，孙姑娘头一次这么晚来找她。但既然来了，她肯定是要好好招待人家的。于是她让婢女去拿双倍量的酒，顺便找小厮去买点下酒菜回来。

孙姑娘进来的时候，李小娘子已经把书桌收拾出来了，笔墨纸砚都被放回了书架，取而代之的是布好的香席。

孙姑娘一看这架势，很高兴："你是知道我要来，准备好了香席等我呢？"

李小娘子得意："岂止是香席啊，还有好酒好菜呢。"

"这香丸看着很别致，哪里买的？"

"不是外面买的，我堂哥亲自合香送我的。"

李郎是位资深香道玩家，不仅喜欢品香，收藏香，还是一位合香高手。前不久他来找李小娘子喝茶，带来的礼物就是他亲手制作的香丸。

孙姑娘一听是李郎合的香，小脸一红，女儿心思立刻暴露出来了。自从郊外踏春那次相见，她就对李郎念念不忘。

很快，婢女取来了两瓶羊羔酒，小厮买的下酒菜也到了。婢女斟酒布菜，二位姑娘则进入了下一主题，焚香夜聊。

李小娘子取了一枚香炭，点燃烧到通红后，放在炭架上让它继续燃烧。然后拿了个三足刻花香炉，倒入香灰，用香匙将香灰打散，又慢慢拢好。

在李小娘子拨弄香灰的时候，孙姑娘按捺不住，终于开始吐露今晚来的目的了："听说下周你堂哥要在家置办一个派对？"

李小娘子一听，瞬间懂了。孙姑娘对她堂哥有意思，这事她在清明的时候就看出来了。她故意装作没听懂："是有这么个事。他最近收了些好的香料，想办个香席，约了很多狐朋狗友去家里聚会。"

"有邀请你吗？"

"当然有啊，他还指望我去帮他给大家泡茶呢。"

孙姑娘喜从中来："能不能带我一起去啊？我对合香很有兴趣，想向他请教请教。"

"是吗？你到底是对合香有兴趣，还是对合香的人有兴趣？"

被戳中心事，孙姑娘脸一红："哎呀讨厌啦！"

这个时候，香炭已经充分燃烧了。李小娘子在香灰中间挖了个洞，把香炭放进去，轻轻盖上香灰。她从盒子里取出一枚银箔放在香

相逢幸遇佳時節
月下花前且把盃

（南宋）马远《月下把杯图》

炭上方，用香箸夹了一颗香丸放置于银箔上。

半晌，香丸被炭火的温度熏热，书房里顿时充满了香味。

孙姑娘夸赞："这香丸真独特，能同时闻到兰花香，还有龙脑香的味道。"

李小娘子打趣她："你居然能分辨得这么清楚，看来也是某人的'知音之人'哪。"

"讨厌，别再取笑我啦！"

李小娘子深谙焚香之道，平日在家看书时，也经常会给自己布个香席，李公子也经常会给她送一些香丸之类的。但是论合香，她是个外行。她所用香丸，大部分是从集市的铺子里买来的。相比之下，孙姑娘对香的品鉴水平要在她之上。

李小娘子端起酒杯："来呀，为了这美好的夜晚，喝一个。"

二人碰了个杯，孙姑娘又问："话还没说完呢，你到底带不带我去你堂哥的派对啊？"

"你是他的知音，当然得带你啊，不然我一个人去了也听不懂他那些合香的理论。"

孙姑娘开心极了，看来今晚没白来！她一高兴，忍不住多喝了几杯。李小娘子素来爱喝酒，有闺密陪着喝，也不小心喝多了。

月亮高挂，二人喝得尽兴，李小娘子邀请孙姑娘今晚在家里住下。孙姑娘欣然应允。她们坐在香炉前，一边喝酒吃菜一边聊天，一直喝到半夜才去睡觉。

📖 小知识

1. 香席是一种以品香为主要目的的文化活动，在宋朝极为普遍。

2. 把多种单品香料按照配方调和成一种复合型香品的过程，称为合香。魏晋南北朝时期的人使用单品香料比较普遍，到了宋朝，合香工艺已经十分流行。

3. 《焚香七要》中提到，焚香需要的工具包括：香炉、香盒、炉灰、香炭墼、隔火砂片、灵灰、匙箸等。合香、取香用香箸，平灰用香匙。

走进文艺男青年的精神世界

　　在参加李郎的派对之前，孙姑娘一直以为到场的只有她和李小娘子两个女青年，为此她特地焚香沐浴，化了最精致的妆容，以求能给李郎留个一眼万年的绝佳印象。然而当天，当她和李小娘子抵达李郎的花园时，她吃了一惊：怎么来了这么多女生？！

　　李小娘子也有这样的困惑，她找堂哥的书童打听了一番，恍然大悟，原来李郎这次邀请的男性朋友们大多是圈中出了名的优质男青年。有这么多条件上乘的单身男性到场，妹子们在家闲着也是闲着，可不就找机会来围观了嘛。于是乎，A 先生带表姐，B 先生带表妹，就这么一带一的，文艺男青年的聚会瞬间变成了半个相亲局。

　　孙姑娘虽然经常在家举办派对，但她也是第一次参加男青年的派对，严格来说，是文艺男青年。她听李小娘子说起过，李郎的朋友大多都是文人，他们的精神世界被写诗、焚香、弈棋、抚琴等等给填满了。尤其是焚香，对他们而言，是一种养德静心、修身养性的存在。

　　花园的凉亭中，李郎的好朋友赵公子正在抚琴，他面前正放着一炉香。抚琴的时候，他都没正眼看其他人，完全沉浸于自我陶醉

（宋）佚名《深堂琴趣图》（局部）

中。孙姑娘瞄了一眼，内心独白：这群文艺男青年居然比她们还会玩。这次回去她得好好反省一下了，需要找一些新花样出来。派对女王不能输！

孙姑娘正走神，李小娘子推了推她。她这才意识到，东道主李郎入场了。李郎一如既往地帅，今天他穿得很得体，比上次见面的时候更优雅了。可惜孙姑娘的脑子里装满了各种聚会的新点子，男色已然对她失去了吸引力。

李郎和堂妹李小娘子一样，宋朝最典型的文艺青年，他不像孙姑娘那么热衷搞派对，像今天这种场面也是他始料未及的，毕竟他的初衷只是想跟好哥们分享一下彼此新合的香而已。似乎，场面有些失控啊……

东道主一出场，沉醉抚琴的赵公子也就停止了。李郎迅速进入主题，让朋友们加入今日的斗香盛宴。是的没错，他发出邀请的时候就说了，让来参加的同学都带上新合的香，互相品鉴品鉴。

第一个开始展示的就是李郎，他拿出了近日最珍爱的白瓷鱼耳炉，开始一系列焚香操作。

不久之后，香丸被炭火烘烤出温度，发出了令人心醉的香味。A先生的表姐A姑娘耐不住寂寞，脆生生提问："哎呀这个香味真好闻，不像普通的香丸，我怎么感觉闻到了桂花的味道，仿佛秋天就要到了呢。"

"桂花"两个字戳中了李郎，他很开心有人闻到了他这款香的精髓，笑着说："这个香丸叫作'桂花沉'，是用桂花熏蒸水沉制成。"

A姑娘不懂合香知识，又发问："这么说来，我们用的香丸都是用多种香料调和成的？只听说过古人是直接焚烧香料的。"

李郎耐心解释："现在我们用的香丸大多是用沉香、檀香等香料的粉末混入蜂蜜花果等，调制成香丸，隔火熏香。前人没有掌握如今的合香工艺，直接焚烧香料的比较多。"

"直接烧多难闻啊，烟那么大，好熏人的！"B姑娘忍不住抱怨。

李郎又解释："那是因为古人最初焚香的目的是祭祀，上通神明，需要烟火为介。"

"哦，这样啊。"B姑娘似懂非懂，"那你们现在合香用的都是什

（南宋）马远《竹涧焚香图》

么香料啊？"

"沉香、檀香为主，另外还有龙涎、安息、苏合、郁金、零陵香等。"

"原来合香还有这么深的学问，懂了懂了。我也想尝试一下，以后我能参加你们的斗香吗？"

"非常欢迎。"

这一切，孙姑娘都看在眼里。刚才 A、B 两位姑娘问的那些问题太小儿科了！在他们这个年代，稍微有点常识的人都懂这些，也不知她们是故意出风头还是真不懂，简直太幼稚。

不过经过这事，孙姑娘有了新点子，下次聚会她不能只叫女生了，她要多找些男同学来参与，这样才有乐趣。论举办活动，谁也别想把她比下去！

几天后，李小娘子问孙姑娘参与这次文艺男青年的斗香会有什么感受。她本意是想揣摩一下孙姑娘对李郎的具体心思，看闺密是不是有机会成为自己未来的嫂子，谁知孙姑娘不经大脑地回答，她最大的收获是解锁了咸鱼生活的更多模式，敬请期待。

📖 **小知识**

1. 早在先秦时期中原就有焚香的传统，那时的焚香用于祭祀和宗教活动。到了宋朝，焚香逐渐日常化，成为普遍的生活方式，受到文人墨客的喜爱。

2. 斗香是宋朝文人钟爱的娱乐方式，《清异录·熏燎·斗香》中有载："中宗朝，宗纪韦武间，为雅会，各携名香，比试优劣，名曰斗香。"即一群人聚在一起，将自己的合香作品展示给大家，互相品鉴、评判。

3. "花蒸香"是宋朝一种普遍的合香工艺，把香味浓郁的花和沉香片密封在容器里，小火熏蒸，可让沉香中充盈着花香。如用桂花和沉香一起熏蒸，即桂花沉。

夜

市

篇

李小娘子一直很注意保持身材，她从小就被爸妈教育，太胖了不仅不漂亮而且不健康。于是乎，晚上七点之后她基本不进食，更别提夜宵是什么滋味了。然而就在几天前，她因为投壶输给了孙姑娘，不得不答应她，今晚陪她去逛州桥夜市。

　　孙姑娘可没有李小娘子那么自律，晚上不吃点什么她总觉得这一天是白过。在这个夜市发达，黑夜也繁华得如同白昼的年头，不吃夜宵都对不起歌舞升平的岁月。再加上她是怎么吃都不会胖的体质，让身边多少女同学羡慕嫉妒恨。

　　孙姑娘和李小娘子约了在龙津桥见面，她们计划沿着龙津桥一直往北，逛到州桥再回家。

　　李小娘子很少走这么远的路，她特地挑了一双最舒服的鞋子换上。临出门前，她不忘吩咐婢女，马车三更之前在州桥等她。她堂哥是州桥夜市的常客，他跟她提过好几次，夜市差不多三更打烊。以她对孙姑娘的了解，这贪玩鬼不逛到最后一刻是舍不得回家的。

　　到了龙津桥，李小娘子一下马车就看见了正在等候的孙姑娘。在她的朋友当中，论吃喝玩乐孙姑娘是当之无愧的第一。

　　孙姑娘一看见李小娘子，立马招呼："快点快点，我听说朱雀门附近新开了一家店，卖的兔肉特别好吃，要排好长的队呢，我们快去！"

　　不知是不是没吃晚饭的缘故，李小娘子还真觉得有点饿，她提起了兴致。

孙姑娘拉着李小娘子急匆匆往前走，进了朱雀门没多时，果真看见一家店铺门前排了好长的队伍。这家店名叫鹿家店，卖的却是鸡鸭鹅兔之类，完全不见鹿肉，另外还有腰肾杂碎等等，价格倒是非常便宜，一份才十五文钱。

排了十几分钟队伍，李小娘子站得腰都酸了，孙姑娘却兴致勃勃，一副吃不到不罢休的样子。好不容易排到，孙姑娘要了两份兔肉、一份鸡肉、一份鳝鱼，要不是李小娘子拦着，她甚至想每样来一份。

虽然嘴上嫌弃，但吃了一口孙姑娘心心念念的兔肉，李小娘子觉得这队伍没白排——这些夜市摊子上的小吃，竟然一点都不比她在酒楼吃的大餐差。

逛了一会儿，两人都有些累了。在李小娘子的坚持下，她们在巷子口的铺子休息了片刻，一人要了一碗馄饨。这条巷子里也有不少小吃铺子，孙姑娘闲不住，挨个逛了过去，买了辣脚子、姜辣萝卜、炸冻鱼头。她祖籍在洞庭一带，嗜辣，每顿都得来几个辣口的菜才过瘾。她知道李小娘子口味偏清淡，于是又给她买了生淹水木瓜、荔枝膏、香糖果子、冰雪冷元子……

店家把馄饨端上来，李小娘子还没来得及下筷子，就见孙姑娘和婢女拎了一大堆吃的走来，她当场就蒙了，问："你买这么多干吗，我们哪吃得了！"

"吃不完打包回去吃。"孙姑娘不以为然，"难得出来逛一次，当然要吃过瘾啊。"

"好吧……那你慢点吃，别撑着。"

"放心，我胃口好得很！"

孙姑娘刚坐下，只听见有人大老远喊李小娘子的名字。李小娘子扭头一看，原来是她堂哥李郎，还有一位是上次在李家香席上抚琴的赵公子。

李小娘子打招呼："好巧啊，你们怎么也在这儿？"

李郎回答得理所当然："我经常出来逛夜市，倒是你，不是号称从不吃夜宵的吗？"

李小娘子语塞，不甘示弱："我不是想吃，我只是出来见见世面。"

听到这句，赵公子笑了："真想见世面的话，我们晚点去逛逛鬼市吧？"

两位姑娘大惊失色。

李郎哈哈大笑，对赵公子说："你别吓唬她们，女孩子胆小。"他向李小娘子和孙姑娘解释："别怕，所谓的鬼市其实就是潘楼街东边的夜市，只因为那儿一般都是五更开市，天亮散去，才被称作'鬼市'。"

"原来是这样，吓死我了……"李小娘子拍着胸口。

孙姑娘又问："为什么要五更天才开市？"

"不可言说。哈哈，"赵公子卖了个关子，"你们有兴趣，去看看就知道了。"

李小娘子被勾起了好奇心，她和孙姑娘对视一眼，都觉得不是不可以。难得出来逛一次，去长长见识也好。

李郎和赵公子在她们对面坐下，各要了一碗馄饨，顺便把孙姑娘买来的小吃扫荡一空。孙姑娘内心着急：我还想打包回去吃的呢，呜呜呜……

幸好，两位男士情商都挺高的，没打算吃白食。离开馄饨铺，他们一路边走边买了不少小吃，全部包好了让婢女们拎着，给二位姑娘拿回家。

　　一行人沿着主街道继续闲逛，路过王楼的时候，他们看见那边的铺子也排起了长队。孙姑娘喜欢看热闹，她挤上前一看，原来是一家卖野味的铺子。这家店在汴京小有名气，她之前就听说过，店里的招牌特色是獾子肉、野狐狸肉，等等。

　　"这家店野味还挺有名的，你们有兴趣来点吗？"李郎问。

　　李小娘子不屑："不吃野味，不卫生，吃多了容易得病。"

　　众人："……"

　　被兜头泼了一盆冷水，大家都意兴阑珊离开了野味铺子。

　　不知不觉，他们已经走到了州桥，这条夜市街也就到头了。李郎算了下时间，眼下还不到三更。既然大家决定一起去鬼市看看，那还得去找个地方打发时间，五更再去。他提议，要不就去樊楼歇会儿，再吃点东西。

　　"又吃啊？"李小娘子和孙姑娘异口同声，很为难。她们是真吃不下了，一晚上嘴巴基本没停过。

　　赵公子见她们好像不太想吃东西，问："要不去瓦舍看戏？"

　　"这个主意不错，我们还是去瓦子吧，找个勾栏坐坐。"

　　"近来汴京城里流行很多新的戏曲，两位妹子不怎么出来逛夜市，可能不太了解，我给你们介绍一下。"赵公子说，"比较常见的有说书、歌舞表演、杂剧。如果你们想看特别一点的呢，有相扑、皮影戏、傀儡戏、杂技……怎么样，对哪个感兴趣？"

　　李小娘子选择障碍："有这么多选项？这些演出现在都能看？"

　　"都能。"

　　孙姑娘抢答："我听说汴京城里最有名的是丁现仙和张七圣的表演，我想去看。"

"妹子，你想多了……"赵公子很为难，"丁现仙和张七圣可都是大明星，每次他们演出，瓦舍门庭若市，门票可不是说买就能买到的，得提前预约。要不，咱们还是换一个吧。"

"行吧，那就去中瓦子看相扑表演吧。"

孙姑娘轻飘飘的一句话，李郎和赵公子都差点喷了，没想到这妹子看上去温温柔柔的，爱好倒是挺特别。李小娘子见怪不怪，她已经不是第一次陪孙姑娘看相扑表演了。是的，不要怀疑，宋朝是有相扑的！并且还有女子相扑。

大家商量好之后，去了中瓦子的牡丹棚勾栏，买票入座。

精彩的相扑表演很快就开始了，李小娘子和孙姑娘看得热血沸腾，这比她们在家喝茶可有趣多了。可惜她们在家被爸妈看得紧，不能天天出来这么嗨。李小娘子暗黜黜地想，以后可以抱紧堂哥的大腿，让他带着出来玩，多见见世面。

除了各类演出，瓦舍里还有不少卖吃食和算卦的人走来走去，四处招揽生意。李小娘子正好奇想算卦，又陆陆续续见另一群做生意的人出没，有唱曲的，理发的，卖药的，应有尽有，服务十分周到。孙姑娘按捺不住，掏钱算了一卦。算命的对孙姑娘说，卦象显示她命格好，是富贵相。孙姑娘一高兴，大手一挥，打赏了算命的不少银子。

李小娘子连连摇头，心想闺密的钱可真好赚，下次可得拦着她点。

看完了相扑，他们又看了一场杂剧、一场戏曲。节目结束，五更天也就到了。

孙姑娘看到点了，非常兴奋。她好奇心爆表，对任何新鲜的事情都勇于尝试，所以当她抵达鬼市的时候，甚至忍不住想去参与一番，关键时刻被李小娘子生生拉住了。

李小娘子亲眼见到鬼市的热闹场面，总算明白这里为什么要叫鬼市了。因为这里的人从事的都是不能上台面的交易，除了孙姑娘刚才想尝试的奇怪的赌局，还有一些说不出来路的古玩字画售卖，据说是全国各地搜罗来的赃物。唔……是个神奇的地方，倒是有点意思。

李小娘子对孙姑娘说："你要是想赌钱，下次我陪你去赌坊吧，这儿就算了，看着怪怪的。"

"好吧。那你可要说话算数。"

"我说话一向算数。"

（北宋）张择端《清明上河图》（局部）

又逛了一会儿，两位姑娘哈欠连天。生物钟提醒她们，再不睡觉明天黑眼圈就要覆盖整张脸了。孙姑娘先提出的告辞，她跟家里报备的是逛完夜市就回家，现在天都快亮了……

李郎和赵公子不放心两个姑娘独自回去，主动提出，挨个送她们到家门口。他们都有马车随行，送人很方便。

回去的路上，李郎提议："你们要是喜欢逛夜市，下次我们去马行街吧，那儿比州桥夜市还热闹。"

"好啊好啊。"孙姑娘的兴致又被勾了起来，瞬间没了睡意。她早就听闻马行街夜市的繁华，可惜一直没机会去。

李小娘子说："今天吃得太撑了，没去成樊楼有些可惜，下次我们可以约去樊楼吃夜宵。"

话刚说完，她才意识到今晚自己破例吃了好多。她悄悄摸了下自己的肚子，心都快碎了，这一顿至少吃胖了两斤。不行，她得赶紧约大家出门运动运动，把多出来的肉都减下去。精致女生怎么可以允许自己发胖！

在李小娘子的号召下，他们约定后天下午去打马球。

📖 **小知识**

1. 唐朝时期，长安城的坊和市是分开的，夜晚实行非常严格的宵禁制度，朝廷安排专门的管理人员"执金吾"以鼓声通知城中百姓宵禁开始，第二天一早钟楼的钟声响起，代表宵禁结束，只有每年的上元节，百姓可以举行夜间活动。到了宋朝，宵禁制度已经完全取消。不仅如此，宋朝可以说是历朝历代中夜生活最丰富的时期。

2. 州桥夜市是北宋年间汴京的著名夜市，每夜灯火通明，营业到三更。《东京梦华录》中提到，"出朱雀门，直至龙津桥"就是著名的夜市一条街。辣脚子、姜辣萝卜、炸冻鱼头、香糖果子等都是夜市上有名的小吃。此外，汴京城中还有更繁华的马行街夜市。

3. 据《东京梦华录》记载，潘楼街往东的集市每夜五更天开门，交易大多是赌博和销赃之类，天刚亮就散去，因此被称为"鬼市子"。

4. 瓦舍是宋代城市中的大型娱乐演出场所，也叫瓦子、瓦市、瓦肆，瓦舍里设置的演出场所称勾栏。"勾栏瓦舍"的出现是中国戏曲的一个重要文化现象。

5. 樊楼是北宋汴京城中最有名的酒楼。

马

球

篇

一场突如其来的大雨打乱了李小娘子的马球计划，而且这雨一下就是三四天，好不容易停了，又连着阴了好几天。李小娘子无聊透顶，她不得不静下心来，在家跟着她妈绣了三天花，学做香囊。她妈说，做香囊是每个女孩的必备技能，现在给父母长辈做，以后给男朋友做，再以后给孩子做……

被母上大人耳提面命了几天，李小娘子耳朵都快生茧了，日夜祈祷雨赶紧停，太阳赶紧出来，她好出门放飞自我。终于，这一天要来了！

这次马球会是孙姑娘组织的。那日在州桥夜市，李小娘子一提出打马球的建议，孙姑娘就开开心心把活儿揽了过去，张罗活动这种事，没人比她更擅长。她出生在官宦家庭，从小跟着家里的哥哥们学马球，水平说不上有多高，但在女孩子中算是很上得了台面的。

以往的马球会，孙姑娘基本只张罗自己的姐妹淘们。可自从那次在李郎家参加了香席，她打开了新世界的大门。她决定多叫些男同学一起玩乐，这样比较有意思。这一次的马球会，除了她私人派对上的常客，还有她两位哥哥，以及她哥的朋友们。当然，李郎和赵公子也在受邀之列。有了一起逛"鬼市"的经历，他们的友情增进了不少。

李小娘子日盼夜盼，在放晴之后的几日，她收到了孙姑娘差人送来的帖子：哈尼，带上你最美的装备，明天上午西山马球场见。

看完信，李小娘子心花怒放。最近这一阵阴雨天，她在家都快

（北宋）李公麟《明皇击球图卷》（局部）

发霉了，可不需要一场挥洒汗水的运动去去霉气吗！她兴冲冲地让婢女把她最心爱的装备找出来，晒晒太阳，备着明天用。

很快，婢女就把衣服找出来了。那是一套橙黄色的锦缎团花马球服，图案是当下流行款式，腰带镶着玉石装饰，配了同色系的头巾，还有一双牛皮小靴子，简直是英姿飒爽。穿上这身马球服，她就是明天球场上最酷的女生。这么想想，李小娘子更加期待明天的活动了。

在李小娘子的心心念念下，美好的一天开始了。

一大早，孙姑娘的马车停在了李小娘子家门口。她本来约了李小娘子直接在球场见的，但是她的哥哥们半小时前就出发去了球场，她马车上空得很，就顺道来接李小娘子，路上还能做个伴，聊聊八卦。从汴京城到西山球场，说远不远说近不近，一个人坐车太寂寞了。

孙姑娘穿了身绯红的马球服，造型和李小娘子的差不多，这是她们去年一起去服装店定做的姐妹款。

马车摇摇晃晃，李小娘子看了一眼窗外，问孙姑娘："城里不是有马球场吗，为什么要去西山那么远？"

"城里的马球场不够大，而且风景没有山里好。反正在家也是闲着，顺便出门赏赏风景也挺好。"

李小娘子想了想，觉得很有道理。

马车一路前行，她们抵达西山球场的时候，大多数男士已经到了。大家都换上了专业的衣服，跃跃欲试，有的人甚至开始跑马热身了。

不过眼前的场景有点出乎孙姑娘的意料，除了她邀请的妹子们，球场赫然多了不少女同胞，包括之前在李郎的花园里见到的 ABC 几位姑娘。她跑去问她哥，她哥含含糊糊，但是她大概听明白了。跟上次一样，那些妹子根本不是来打马球的，而是来看男同胞打马球的……

"怪不得穿得那么花枝招展。"孙姑娘压低声音。

李小娘子顺着她的眼神一看，还真是。相比她们一身骑装，那些来看热闹的妹子穿得真是又隆重又鲜艳，她们心里想些什么，昭然若揭。

"厉害了，这么一对比，我们简直不是女人。"

"就这样吧，比不了比不了。"

两人嘀嘀咕咕，相视而笑。远处走来的同伴们看见她们，呼唤她们赶紧加入热身，准备比赛。

第一场比赛的裁判是李郎，规则也根据他说的来。参加比赛的队员们四人一组，两男两女，进球一次插一杆旗，旗先插满的队伍获胜。

李小娘子和孙姑娘，还有孙姑娘的两个哥哥一组，孙姑娘领队，另一组则是赵公子领队。

李郎宣布比赛开始，鼓声一响，参赛的所有人策马奔跑起来。被关在家这么多天，李小娘子像只刚出笼子的鸟，打得特别起劲，没几分钟就连进了两球。孙姑娘不甘示弱，很快也配合她哥进了一球。她们骑马奔跑着，就连出汗也是一件极快乐的事。

第一局结束，孙姑娘这队以绝对的优势赢了比赛。

李小娘子觉着有些累了，申请下一场做裁判，她好休息休息。孙姑娘也跟着下场歇息去了。于是，第二局就是李郎和赵公子之间的较量了。这两位男士都有不少女粉丝，他们才一上场，鼓声还没响，现场就欢呼声一片了。

"没眼看了，男性荷尔蒙就是不一样。"孙姑娘感叹，"走吧，我们吃水果去。"

两位姑娘手拉手找吃的去了。

今天的比赛比她们想象中的都要热烈，马球赛进行了十几局，大家好像还是意犹未尽。可惜时间不早了，中午的太阳太烈，会晒伤皮肤，他们只得提前结束，各回各家。

回程的马车上，李小娘子忍不住夸孙姑娘："你的马球水平越来越高了，什么时候背着我偷偷练的？"

"没偷练，兴趣爱好而已。"孙姑娘很骄傲，"只可惜我的朋友中，马球打得好的女生太少了，你算是很不错的。"

"好好说话，不许影射我。"

孙姑娘哈哈大笑。想了想，又说："很羡慕唐朝人啊，马球在那时候是主流运动，书生会玩，妇女儿童会玩，连皇帝也会玩。"

"的确，玄宗就曾击败过吐蕃的马球队，穆宗和僖宗也是马球健将呢。"李小娘子深以为然。她喜欢读史书，唐朝的马球文化她非常了解。

"没事，咱们以后有空也多出来玩。我看那个赵公子打得就很好，下次叫他一起。"

李小娘子打趣她："你究竟是想叫赵公子，还是想叫我堂哥？"

孙姑娘脸一红，扑过去打她，两个人笑成一团。这个时候，李小娘子身上的香囊掉了出来，孙姑娘眼前一亮："哇，真好看，这是你做的？"

说到这个，李小娘子开始抱怨，把她前几天在家被母上大人逼着做香囊的苦水全倒了出来。孙姑娘很奇怪："你不是文艺女青年吗，绣花做香囊这种事我以为你会喜欢呢。"

"太麻烦，还不如打马球呢。"

"可是你绣得很好啊，改天教教我？"

"没问题。不过你学这个干吗，要送给谁？"

"反正不是送给你。"

"哈哈哈哈哈。"李小娘子大笑。虽然她讨厌绣花，但是为了好闺密，她决定勉为其难，找一天时间把她从她妈那儿学来的皮毛传授给孙姑娘。

两人聊着聊着，车已经进汴京城了。城内人来人往，充满了生气。乍一看这样的生活画卷，李小娘子发自内心觉得，她很热爱自己生活的这个时代。

📖 小知识

1. 汉朝末年，马球就已经小范围流行了，参与这项活动的多为上层贵族。

2. 马球在唐朝的地位很高，可以说是风靡一时，连妇女都十分喜爱。唐朝有好几位皇帝都是马球迷。据记载，唐玄宗李隆基是位马球高手。陕西出土的唐章怀太子墓壁画，就有专门描绘打马球场景的。

3. 宋太宗曾经下令制定详细的马球赛规则；宋徽宗组建过一支宫廷女子马球队，由他亲自训练，队长就是他的妃子。

4. 根据出土的宋代马球雕砖，当时打马球要穿专业球服，服饰

接近于游牧民族的骑装；马球杆是特制的，造型类似现在的
曲棍球球杆。

5. 《东京梦华录》记载：琼林苑宴殿"南面有横街，牙道柳径，
乃都人击毬之所"。也就是说，宋朝时期汴京城内就有专门
的马球场。

香囊篇

李小娘子的母亲李夫人今天很开心，她一早起来就听婢女说，李小娘子邀请孙姑娘下午来家做香囊。对李夫人来说，这简直是个天大的好消息，她以为自己的教导总算起作用了，欣慰至极。

这么多年来，李夫人没少教育李小娘子：女红是女孩们必备的技能，无论喜不喜欢，必须得学！她不要求女儿能绣精致的衣裙，但好歹得学会绣个帕子香囊啥的。只可惜，李小娘子从小就不爱折腾这些，写诗作词倒是有一套。鉴于李小娘子十几岁就已经是远近闻名的才女，给家里争了不少光，李夫人也就睁一只眼闭一只眼了。

心情一好，李夫人乐呵呵地让婢女把她最好的料子都送去了李小娘子房间，任其挑选。

李小娘子突然收到老妈差人送来的一大堆布料，差点理解错，以为是什么重要的节日要到了——她妈只有在逢年过节才会送料子来给她做衣服。婢女说这些布料只是提供给她做香囊用，李小娘子意兴阑珊，但是不要白不要，老妈肯给，她就照单全收了。

午饭后，孙姑娘准时到了，她从樊楼打包了一些糕点，准备干活的间隙来个下午茶。李小娘子把她迎进屋，先是吐槽了她老妈听说她们做香囊，送了一大堆料子的事。

孙姑娘听了，很开心："在哪儿呢？我看看，选几款好看的先。"

李小娘子让婢女呈上来，对孙姑娘说："你随便选，做香囊用不了多少，剩下的拿回去做几件好看的衣服，我们下次穿着一起去泛舟。"

"好主意!"

孙姑娘选了三块做香囊的料子,两块纯色缎用以绣花,一块孔雀绿花纹锦缎直接缝制。李小娘子也选了几块,选完她让婢女裁成块状,给她们准备好。

婢女裁料子的同时,李小娘子拿了本工具书递给孙姑娘:"这上面都是香囊的各种形状,你选一个简单些的,我们先缝一个试试。"

孙姑娘随意翻了翻,只见书上画的图案各种各样,都非常好看。有鸡心形,腰子形,圆形,葫芦形,桃形,等等。她指着鸡心形的问李小娘子:"这个难做吗?"

"不难,我初学做的就是这个。"

"那就它了。"

不一会儿,婢女拿着裁好的缎子回来了。除了布料,她还拿了两个藤编小筐,其中一个小筐里放着各种颜色的丝线和玛瑙琉璃珠子,那是李太太特地吩咐她去买来给两位姑娘做香囊穗子的。另一个藤筐中放了大大小小的束口袋,里面装了不同的香料。

宋朝女生大多有做针线活的基础,李小娘子手把手教了孙姑娘一小会儿,她就已经能自主缝制了。她用孔雀绿花纹锦缎缝了鸡心香囊的雏形,下一步是往里面装香料。

香囊所用香料种类很多,如白芷、肉桂、艾草、藿香、山奈、薄荷、丁香、冰片、香茅、乳香、没药、龙脑、豆蔻、辛夷、菖蒲、零陵香等。至于如何配比,看个人喜好。对女孩子来说,缝香囊并不算难,难的是怎样配置出最独特的香味,佩戴在身上能与众不同。尤其是像孙姑娘这种怀着春心,缝香囊是为了送心上人的。

李小娘子拿了早就准备好的香谱给孙姑娘选。孙姑娘犹豫再三,选了一个梅花香型的,香方配料为:丁香一两,藿香一两,甘松一两，檀香一两，丁皮半两，牡丹皮半两，零陵香二两，辛夷一分，龙脑一钱。

　　婢女拿来的香料很齐全，孙姑娘按照香方挑出她需要的，用小药碾子碾成细末，取了适量细末放入小布袋中缝合，香囊的芯就做成了。她把这个香料袋子装进了半成品香囊中，做了最后的缝合。由于她平时在老妈的监督下做过一些女红，针线活对她来说不算难事，针脚甚至比李小娘子还要好。

　　李小娘子看着孙姑娘这行云流水的缝合动作，不由得感叹："还说让我教你呢，你针线活比我好多了，你教我还差不多。我妈要是看到又该吐槽我不像个女人了。"

　　这一夸奖对孙姑娘很受用。孙姑娘性格外向，活泼好动，除了张罗朋友们来家里聚会，就喜欢吃喝玩乐，比如打马球、投壶、双陆。为此，她妈对她的评价是：这么游手好闲，怕是很难嫁出去啊……乍一听李小娘子说自己女红做得好，她的自信又找回来了。

　　孙姑娘做的香囊是系带的，口子可以打开，随时更换里面的香料。缝好系带之后，最后一步是做穗子。

　　李小娘子把一筐子丝线推到她面前："你选一个，做个和香囊颜色相称的穗子。"

　　"孔雀绿的配什么好看？"

　　"只要不是红色就行。"李小娘子挑了挑，拿了一撮雀蓝色的丝线递给她，"这个怎样？"

　　孙姑娘接过丝线，跟香囊做了个对比，觉得很好看："不错，那就这个颜色了。"

　　她在李小娘子的指导下缝了个约四寸长的穗子，又在上面串了颗黄色的琉璃珠，系在了香囊上。至此，孙姑娘的第一个作品，孔雀绿鸡心香囊完成了。

看着手上的成品，孙姑娘很有成就感，她立刻放出豪言壮语，今天下午要再做一个绣花香囊！然而连她自己都不会想到，她很快就要被啪啪打脸。

李小娘子有两本厚厚的绣花参考图册，孙姑娘翻了半天，找了一幅看似没什么难度的鹊上枝头图。她认认真真绣了一个多时辰，李夫人恰好来给姑娘们送茶点，一进门就夸了句："呀，这鸭子绣得真好看！"

孙姑娘欲哭无泪，这不是鸭子，明明是喜鹊啊……万万没想到，一年多没碰针线，她绣花的那点技能全部还给她妈了。

为了维护闺密的面子，李小娘子憋着笑，没在她妈面前戳破，还跟着点头夸赞："嗯，是挺好看的，哈哈哈。"

李夫人让婢女放下茶点，招呼她们休息："先歇会儿吧，吃些点心，绣了半天你们也累了。"

茶点是李夫人亲手做的，比起孙姑娘从樊楼打包来的，一点都不差。三人坐在桌上一边吃一边聊天，孙姑娘心不在焉，惦记着被她绣成鸭子的喜鹊该怎么补救。这可是要送心上人的，这样送出去多丢人啊！不行不行，她得重新绣一个，爱情可以没有，面子不能丢！

吃完点心，李夫人拿出两个锦盒，给了李小娘子和孙姑娘一人一个："送给你们的礼物，看看喜不喜欢。"

孙姑娘打开锦盒，哇了一声——锦盒中放了个鎏金双蝶穿花纹镂空银香球。香球里面显然是放了香料的，一开锦盒她就闻到了龙涎香的味道。

"真好看！"李小娘子兴奋地叫出声来。她的锦盒里装的也是鎏金银香球，只不过图案和孙姑娘的不太一样。

李夫人见她们喜欢，也很高兴："这是我年前在工匠那里定制的，你们最近这么懂事，都知道主动做女红了，就当是奖励吧。"

也难怪她们这么兴奋，李夫人送的这种鎏金香球是香囊中的绝佳工艺品，不仅做工精美，设计也很巧妙。打开香球，中间是一个用来盛放香料的小盂。这其中有个小机关，无论怎么摇晃香球，小盂会一直保持在水平状态，香料也不会撒出来。

这种鎏金香球工艺十分复杂，价格昂贵，李太太却一送就是两个，可见她今天心情的确非常好。李小娘子决定，以后一定乖乖听妈妈的话，没准她心情一好，又会赏些好东西。

两位姑娘拿着香球，爱不释手。

李小娘子小心翼翼将香球打开，只见里面放了一粒珍珠大小的香丸。她凑近闻了闻，香味很熟悉。她猜到了，那是上次堂哥送来的香丸。李太太告诉她们，这个香球不仅可以放香丸，也可以把香料直接放在小盂中焚烧。

直到李太太离开许久，李小娘子和孙姑娘还沉浸在美滋滋的心情中，完全把绣花的事抛到九霄云外去了。绣花算什么，绣花的香囊跟鎏金香球一比差远了！

📖 小知识

1. 屈原《离骚》中提到，自战国时期古人就有佩戴香囊的习惯。久而久之，佩香囊已经成为古人的传统。

2. 女红是古代闺中女子必备技能，心灵手巧的姑娘们喜欢绣香囊送给心上人，借此表达爱慕之情。

3. 鎏金镂空银香球是香囊的一种，其使用了陀螺仪原理，无论怎么晃动香球，里面的香料会始终保持水平状态，不会撒出。因其工艺复杂，造价不菲，一般只有宫中女子和贵族妇女才会使用。

4. 宋朝以前，人们制作香囊大多直接放入香料。宋朝焚香文化盛行，合香逐渐成为时尚，宋人会把香料细末做成香丸或香饼放入香囊中。

酒
楼
篇
一

端午节前夕，李小娘子收到了堂哥的邀请，约她和孙姑娘去樊楼吃夜宵。李小娘子诧异，心想堂哥怎么会突然邀请她去酒楼吃饭，而且吃的还是夜宵！众所周知，她比怕死还怕胖，如果没有特殊情况，是绝对不会吃夜宵的。

婢女提醒李小娘子："姑娘你忘了吗，那天晚上你和孙家姑娘逛夜市，说没有吃到樊楼的夜宵太可惜。"

李小娘子恍然大悟，是有这么回事。她就顺口一提，没想到李郎居然放在了心上。真是国民好哥哥！她赶紧写了个帖子，让婢女找人给孙姑娘送去。孙姑娘知道这个好消息一定很高兴，她的香囊绣了那么久，至今没机会送出去。这不，机会马上来了！

自那日在李小娘子家学做香囊，孙姑娘已经绣花绣失败七八次了。她很执着，就是不肯换一幅简单的图案，说是哪里跌倒就从哪里爬起来。也算功夫不负有心人，前几天李小娘子去孙姑娘家玩她新养的猫，看见了她最新的香囊成品——她终于成功了，绣着鹊上枝头图的香囊。

如李小娘子所料，孙姑娘拿着信，激动得转圈圈。她惦记吃樊楼的夜宵很久很久了，总算有机会出去玩了。至于送香囊什么的，她完全没想起来。香囊算什么，爱情算什么，此时此刻吃最重要好吗！

到了约定的那一天，孙姑娘打扮得漂漂亮亮出门了。马车驶过巷子，到了潘楼街，眼前豁然开朗，仿佛在那一瞬间灯火全亮了。如此繁华，没有一丁点黑夜该有的样子。

这一带是汴京最有名的商业区，酒楼、商铺几乎通宵达旦营业。尤其是汴河两岸的酒楼，珍馐满目，夜夜笙歌。孙姑娘听她哥提过，汴京城中的酒楼都会在门口搭建起高大华丽的门楼，里面的窗户设有红绿装饰，门前还有各种彩灯。晚上灯火一亮，整条街人群来往，熙熙攘攘，热闹非凡。

孙姑娘是个非主流宋朝女孩，活跃派加享受派，吃喝玩乐样样精通。即便如此，她也不会经常在夜晚出门。难得出来见识一番，她做好了万全的准备，连晚饭都没吃，她得留着肚子吃樊楼的大餐。

孙姑娘抵达樊楼的时候，在大门口碰见了刚下马车的李小娘子，她化了个比平时复杂些的妆，显得很庄重。女孩们心里想的都是一样的，既然决定出门，那还是得好好收拾一下自己的。

"晚上好。"李小娘子兴致勃勃和孙姑娘打招呼。她想起香囊的事，凑上前，轻声耳语了两句。

孙姑娘一愣，后知后觉想起还有香囊这么回事，不知道该怎么接话。

"你不会没带吧？"李小娘子一看她的表情，猜到了七八分。

孙姑娘点点头。

李小娘子叹气："算了，怪我没提醒你。我们先上楼吧，下次找机会再把香囊送出去。"

两人一起进了酒楼大门。她们的正前方是一个很大的廊厅，头顶雕梁画栋，精美而威严。小二看见她们，赶紧迎了上来："两位姑娘来吃饭的吗，需不需要我给你们介绍一下我们酒楼的特色呀。"

李小娘子开门见山："不用，我们约了人。李郎在哪个包间？"

先前李郎叮嘱过小二，他一听就明白了，带着两位女士往南边的包间走。

（北宋）张择端《清明上河图》（局部）

　　樊楼占地面积大，除了眼前的主楼，还有四栋大楼，楼与楼之间都建了装着护栏的凌空飞桥，相互连通，气派非凡。孙姑娘以前来樊楼吃过几次饭，李小娘子却是第一次来，她看花了眼，啧啧称奇。

　　李郎和赵公子是十分钟前到的，他们正在看菜单。见两位女士进门，李郎让小二先给她们上茶，润润嗓子。他问李小娘子："妹妹，想吃点什么？你来点菜吧。"

　　"我第一次来，不知道这里什么菜好吃，"李小娘子转头对孙姑娘说，"还是你来点吧。"

　　孙姑娘没推辞，点了一份盘兔和一份三脆羹。不过她挑花了眼，实在不知道该点什么了，就把菜单给了李郎，今晚是李郎请客，还是他来点比较好。李郎简单扫了一眼菜单，加了几个菜：玉棋子、紫苏鱼、荔枝腰子、炒蟹。

"够了吧,不用再加菜了。"眼看李郎点菜点嗨了,李小娘子赶紧制止他。他们才四个人,哪里吃得了那么多!

李郎笑着说:"这些都是樊楼的特色菜。你难得出来吃夜宵,得让你都尝尝。"

李小娘子毫不客气:"你放心,以后有的是机会,我肯定会缠着你请客的。"

听李小娘子这么说,赵公子说:"我表哥家的酒楼就在附近,叫太平楼。虽然比不上樊楼有名,但也是汴京城数一数二的酒楼。下次我请大家去太平楼吃饭吧。"

"好啊好啊,求之不得!"

上菜之前,大家闲聊了会儿。李小娘子感叹于汴京酒楼强大的包容性,她刚才进门就看见很多非茶饭量酒博士也在这里讨生活。比如,一些腰间缠着青花布手巾的妇女会进来帮客人们斟酒、换汤;附近街坊的汉子会去客人们桌前作揖打招呼,问有没有活派给他们干;还有一些进来唱曲的,送水果换赏钱的……

赵先生表示赞同:"是的,这在汴京酒楼中很常见,各取所需。"

"汴京城中有多少酒楼?"

"规模大的有七十二家,其中最有名的就是这樊楼。规模小的不胜枚举,四处都能见到。至于再小点的酒肉铺子,那就更不用说了,星罗棋布。"

孙姑娘道:"听我哥说,这樊楼高耸入云,站在西楼顶层能看到皇宫的御花园。"

"是的,所以西楼顶层早就被封了。皇宫内景怎么能轻易让百姓窥伺。"

"可惜了，好想看看皇宫是什么样。"

聊了没多久，小二端着菜进来了。

包间门一打开，食物的香味扑鼻而来。孙姑娘早就等不及了，又怕不端庄，强忍着没第一个动筷子。菜上齐后，她见其他人都去拿筷子，这才动手。

樊楼常客赵公子给大家简单介绍了一下眼前的菜，他个人最推荐紫苏鱼。李小娘子尝了一口紫苏鱼，果然美味可口！

"不愧是樊楼，上菜速度就是不一样啊。"孙姑娘夸赞，"今天楼里这么多客人吃饭，我以为会等很久呢。"

李郎说："汴京城里的大酒楼，后厨都是有精细分工的，所以上菜快。"

"怎么分工？"

"应该和你们家差不多，分'四司六局'。"

"什么是'四司六局'？"

"你居然不知道？"这个问题是李小娘子问的，因为连她都知道"四司六局"。孙姑娘出身官宦世家，理应十分清楚才是。

她耐心给孙姑娘解释了一遍。时下官府贵家都分"四司六局"，四司指帐设司、庖厨司、茶酒司、台盘司，六局指果子局、蜜煎局、菜蔬局、油烛局、香药局、排办局。汴京城中各大酒楼的后厨基本上也是这么分工的。

孙姑娘消化了很久，她好像是听她妈提过几次，说家里的香药局、茶酒司什么的。不过这事她觉得跟她没什么关系，没怎么上心。这也应了李小娘子常吐槽她的一句：除了吃喝玩乐，其他啥都不关心。

没多久，桌上的菜被消灭了大半。赵公子很贴心地问两位姑娘：

"这个时间点，州桥夜市和马行街夜市都开始营业了，你们有没有什么想吃的小吃，可以让门外那群跑腿的闲汉去买回来。"

李小娘子摇头："不用了，这些菜都吃不完呢。刚才上菜的小二还说了，他们这儿还有饭后水果送哦。"

又吃了半晌，饭后水果和甜点如约而至。李小娘子摸着小腹，痛并快乐着。又是罪孽的一天啊，她得运动多久才能消耗这顿饭！

📖 小知识

1. 宋朝经济繁荣，饮酒文化盛行，大型酒楼开始出现。汴京城内大型酒楼有七十二家，被称为"正店"，小型酒楼数不清，其余售卖酒类的铺子称作"脚店"。

2. 汴京城的酒楼不仅仅提供餐饮，还有丰富的娱乐服务，如歌舞表演、吹拉弹唱等。营业时间通宵达旦，风雨无阻。

3. 酒楼文化的发展也带动了周边服务，除了正规的茶饭量酒博士，还有很多外来人员在这里找活干，如文中提到的给客人斟酒的妇女、跑腿的闲汉，还有兜售水果的小贩，等等。

4. 宋朝酒楼的厨事分工已经十分精细，酒楼服务的完善也促进了专门帮大户人家操办宴席的"四司六局"的诞生，他们上门服务，业务娴熟，雇用他们的人家只需出钱就行。而权贵世家自己家中就设有"四司六局"。

端午篇

挑战古人100天

节日前的大采购

明天就是一年一度的端午节了，李小娘子一早被她妈叫了起来，她们准备去大相国寺烧香祈福，顺便逛逛街，采购一批节日用品。因为要去寺庙，母女俩穿得比平时素雅很多，她们选择坐马车出行。

在宋朝，端午是个很盛大的节日。宋人不只过五月初五这一天，从初一开始，大街小巷就沉浸在浓郁的节日气氛中了。到了初五，这种气氛会到达一个顶点。

李小娘子在马车里就听到了街上的叫卖声。她掀起窗帘一看，只见路边摆摊的小贩是平时的几倍不止。有桃枝、柳枝、葵花、蒲叶、佛道艾等。卖饮食小吃的也很多，除了常见的香糖果子，还有粽子、白团、紫苏、菖蒲、银样鼓儿花。

李小娘子放下帘子，问李夫人："今年我们买粽子回去吗？还是自己包？"

李夫人想了想："还是自己家包吧，我通知一下厨司，让他们多准备点，给亲朋好友家也送些去。"

"需要我帮忙吗？我会包好几种粽子哦，筒粽、九子粽、角粽、锥粽，我都会。"

"你什么时候学的？"

"去年在孙姑娘家，看他们包，我就学会了。"

"算了，你别凑这个热闹了，还得准备明天的兰汤浴呢。"

"也对，兰汤浴比较重要。"李小娘子已经暗黜黜期待明天沐浴兰汤之后穿漂亮的新衣服了。

聊了没多久，马车到了大相国寺门口。逢年过节，大相国寺总是门庭若市，李小娘子见怪不怪了。大家都是来烧香祈福的，农历五月是"恶月"，因此寺庙的人会更多。他们都希望能求得寺庙的护身

符，让这一年平平安安过去。

　　李小娘子李夫人慢慢上了台阶，随着人流往寺庙里面走去。她们拾级而上，远远地就闻见了浓郁的香火气。

　　在人群中，李小娘子看见了两个熟悉的面孔，是孙姑娘和她妈。

　　孙姑娘也看见了李小娘子，朝她拼命挥手："好巧啊，你们也来烧香啦！"

　　"是啊，端午前的保留节目，当然得烧香祈福。"

　　"兰汤浴的药材你买了么？"

（北宋）张择端《清明上河图》（局部）

"还没有，烧完香去逛街买。"

"我也没买，要不我们一起？"

"好啊！"

两个女孩兴奋地聊着。李夫人和孙夫人也在聊她们的话题，比如明天包什么粽子，去不去吊屈原。

寺庙的人实在太多了，她们排了很久的队才进了主殿。烧完香，她们都捐了一些香火钱，在僧人那里领了辟邪的符袋。

从大相国寺出来，接下来的活动就是几位女士期盼已久的了。从古至今，女人爱逛街的天性始终如一。李夫人和孙夫人结伴去采购明天要用的艾草、张天师像、菖蒲酒等，李小娘子和孙姑娘则要准备兰汤浴中草药，当然，还有她们喜欢吃的零食。

姑娘们先去了潘楼街的零食铺子，挑选了各种各样的吃食。李小娘子怕胖，平时都尽量控制口腹之欲，也就是到了节日才会心安理得放肆一番，把想吃的东西都吃个遍。孙姑娘就不用说了，她的书房里除了笔墨纸砚，零食是必不可少的。

从零食铺子出来，她们紧接着去了药铺。李小娘子爱臭美，泡药浴必放兰花，她还让药铺掌柜给她配了其他药材，菖蒲、艾草、凤仙花、柏叶，等等。孙姑娘也要了份同样的中草药包。

药铺掌柜心情很好，每年这一时节，来买兰汤浴草药的女孩们络绎不绝。他们是一家百年老店，端午传统是把小礼物装在布袋里，和药材一起回赠给客户。李小娘子领到的是乌发油，孙姑娘领到的是中药香囊。

必需用品都买完了，姑娘们又去了成衣店，挑选了节日新衣。她们光试衣服就用了半天，要不是两位老妈来催促，估计一时半会儿还结束不了。所幸，她们都买到了满意的衣服，满载而归。

📖 小知识

1. 北宋时期，汴京人称五月初一为端一，初二为端二，数以至五，谓之端五。端是开端之意，五与午通用，故称端午。从五月初一开始，大街小巷就会有端午的各种用品出售，节日气氛十分浓烈。初五这一天不仅是纪念屈原的日子，也是驱逐瘟神的日子，几乎全民参与。

2. 《岁时杂记》记载："端午粽子，名品甚多，形制不一，有角粽、锥粽、茭粽、筒粽、秤槌粽，又有九子粽。"

3. 宋朝女子端午节有兰汤沐浴的风俗。兰汤指的是中草药浴水，里面有艾草、菖蒲、白玉兰。这一习俗自古就有，因端午已经是夏天，容易出汗，而五月又是古人眼中的"恶月"，这一时节毒虫易泛滥，细菌易滋生，瘟疫易蔓延，沐浴兰汤主要是为了驱虫避害，预防疾病。如苏轼《浣溪沙·端午》中所写，"轻汗微微透碧纨，明朝端午浴芳兰。流香涨腻满晴川"。

都别睡了，起来嗨

天刚蒙蒙亮，李小娘子就醒了。或许是因为要过节了比较兴奋，她一晚上没怎么睡，但是也不怎么困。睡在她隔壁的婢女差不多也是这样的心情，鸡鸣就起来穿好衣服了。李小娘子简单穿了衣服，让婢女准备烧兰汤浴的水，她得去喊她爸妈起床。

李夫人和李老爷毕竟年纪大些，起床时还有些犯困。他们在李小娘子的催促下，拎着篮子出门了。篮子里有艾草和张天师像。

李家院子大，有前门、侧门、后门三个门，他们一家人一起，亲手在每个门上都插了艾条，贴了张天师像。李夫人又把昨天从大相国寺求来的符袋分给了老公和女儿，让他们贴身带着，说是可以驱瘟神，去疫病。

忙完这一切，李夫人要去后厨看看粽子和其他吃食准备得怎样了，然后和女儿分别去泡兰汤浴。他们今天活动很丰富，吊完屈原还得看赛龙舟。对女同胞们来说，端午无异于狂欢节，她们能参与的活动比平日里要多得多。

李小娘子回到房间，婢女已经准备好泡澡的水了，里面放了她昨天买来的中药包。她一进门就闻到了浓郁的草药香，还是那个熟悉的配方。每年洗兰汤浴也是她很享受和向往的一件事。

　　在李小娘子泡澡的同时，婢女帮她把今天要穿的新衣服整理好，挂在了屏风上。另外她还准备了一些五彩丝线，还有用缯彩剪的小符。

　　洗兰汤浴是件很享受的事，李小娘子在浴桶中泡着不想出来。热气蒸得她满脸都是汗，这么一泡，仿佛把积在体内的毒素全都排出来了。婢女在屏风外等李小娘子，她看见屏风里的水汽往外冒，带着药香，不一会儿就弥漫了整间屋子。

　　大概泡了半个小时，李小娘子依依不舍地穿上衣服。她在婢女的帮助下穿戴整齐，然后在手臂上缠上了五彩丝线，又把辟邪小符挂在了发髻上。这些都是女孩子在端午要做的事，她们每年都会精心准

（唐）李昭道《龙舟竞渡图》（局部）

备，以此来迎接节日。

准备完毕，李小娘子带着一身草药香走出房门。这时天已经大亮，她爸妈也都穿戴整齐，在餐厅等早饭了。除了平时的粥汤，今天早上还有各种馅的粽子和五色水团。

李夫人给女儿介绍，今年的粽子增加了几个口味，除了枣泥和糖的，还有松栗和胡桃的。李小娘子挑了个胡桃的，一剥开粽子叶，糯米的清香扑鼻而来。

李老爷送给女儿和媳妇一人一个香囊、一把扇子。他笑着说："这个香囊是我太医院的朋友送的，用了上好的草药配制，可以驱虫辟邪，你们都戴着，吃完饭我们去吊屈原，看赛龙舟。"

"你也去？你今天不上班？"李小娘子问。

李老爷很骄傲："端午可是法定节假日，我们今天休息。"

"既然如此，我们快走吧。再不走汴河边就挤满人了，我们想看热闹都没地方站。"

李小娘子兴冲冲拉着父母出门。

大街上说是人山人海也不过分，好像平时在家宅着的人全部都出街了一样，有些主干道甚至发生了拥堵，马车半天都过不去。他们用了比往常多一倍的时间才到汴河，而河边早就已经人满为患。

李小娘子往远处一看，龙舟手们整装待发，接下来就是大家最期待的赛龙舟环节了。她赶紧拉着父母找了个视角清晰的位置，等着看紧张刺激的比赛，这也是端午节热闹的巅峰。

📖 **小知识**

1. 北宋妇女有戴钗头符的习惯，将缯彩剪成小符，兰汤沐浴之后戴在头上，插于鬓髻之上，用以辟邪 。《岁时杂记》载："端午剪缯彩作小符儿，争逞精巧，掺于鬓髻之上，都城亦多扑卖。"

2. 端午当天，妇女沐浴完兰汤会穿新衣，缠彩丝，挂小符。这一习俗在苏轼的词作中也能见到，"彩线轻缠红玉臂，小符斜挂绿云鬟。佳人相见一千年"。

3. 宋人会在端午这一天贴张天师像，因此五月初一开始街上就会有很多画张天师像售卖的。《岁时杂记》记载："合泥作张天师，以艾为头，以蒜为拳，置于门户上。"

4. 吃五色水团是北宋民间端午节的又一习俗。五色水团是一种用糯米做的团子，通常会杂以其他颜色做出花果和兽形。《东京梦华录》记载："家家铺陈于门首，与粽子、五色水团、茶酒供养。"

养猫篇

一

李小娘子惦记养猫很久很久了。她从小喜欢动物，早些年家里养了一只兔子，不知怎么的病死了，她难过了好一阵，再后来就不太敢养小动物了。最近这半年，她的朋友圈刮了一阵养猫风，相熟的女孩子几乎人手一只猫，看得她心里痒痒的。

　　受这股养猫风的影响，连向来怕麻烦的孙姑娘都开始养猫了。她哥上个月帮她聘了一只小橘猫，取名呆呆。李小娘子时不时会去孙姑娘家逗猫，越看越喜欢。要不怎么说猫是最治愈的动物呢，无论有多心烦，逗它玩一会儿，立马满血复活。

　　李小娘子掰手指算了下，她的好朋友中，好像就只有她是"无猫一族"了，好气人啊！尤其是上周的聚会，大家不知是不是事先约好的，居然都带着自己的猫去了。她们的话题自然也都是围着猫的，比如谁家的猫温顺，谁家的猫毛发柔软，谁家的猫怕老鼠……只有李小娘子一个人惨兮兮坐着给大家泡茶，完全插不进话。她特地带了新收的茶饼，结果大家好像对她的茶也失去了兴趣……

　　"唉——"李小娘子叹了口气，趴在窗口出神。

　　婢女进门呼唤李小娘子，说李郎来找她了。李小娘子意兴阑珊，整理好衣服出门。

　　李郎在大厅喝茶，见李小娘子出来，喜滋滋地告诉她："你不是想养猫吗，我给你物色了一只长得特别可爱的，保证你喜欢。"

　　李小娘子眼前一亮："是么？猫呢，在哪里？"

　　"你还记得赵公子的表哥吗，家里经营太平楼的那个？"

"记得，他不是还说带我们去太平楼吃饭吗，难道你是来找我去吃饭的？"

李郎摇摇头，说："赵公子表哥家的狸奴我见过的，玉雪可爱，毛像丝一样顺滑，连我都爱不释手。不久前这狸奴生了一窝小崽，算算时间差不多该断奶了。我想着你肯定喜欢，让赵公子替你要了一只。"

"太好了！什么时候可以把小猫接回来？"

"现在就可以。你收拾一下，带些聘猫用的礼物跟我去太平楼，我的马车在外面等呢。"

李小娘子快乐得要起飞了，拉着婢女兴冲冲回房间收拾。

和李郎描述的一样，赵公子表哥家的猫实在太好看了，它生了六只幼崽，颜值比起它们的妈妈丝毫不差。由于太平楼生意繁忙，赵公子的表哥表嫂实在没精力照顾那么多只猫，他们决定留下一只小猫崽，其余的送给喜欢猫的朋友们养。

李小娘子是第一个来接猫的，可选择的余地很大。她观察了六只小猫，觉得都很可爱，难以取舍。最终，她挑了一只合眼缘的，向赵公子和他表哥道过谢，送上了精心准备的聘猫小礼物。

小猫舔了舔李小娘子的手腕，喵喵叫，像是也很喜欢她。

李小娘子问赵公子的表哥："好可爱啊！它有名字吗？"

"还没有，你可以给它取个好听的名字。"

李小娘子想了想，孙姑娘的猫叫呆呆，那她的猫就叫聪聪好了，相形见绌。她想象了一下孙姑娘听了这个名字之后的表情，忍不住笑出声来。众人都不知道她笑什么，只以为是收了小猫，心里高兴。

聪聪只有一只手掌大小，软软糯糯，叫起来声音也很细，李小

宋人（传）《戏猫图》

娘子怕它饿着，赶紧告辞回家。她该给小猫收拾新家了，家里没有猫粮，还得去集市上现买。

这几日，李小娘子有了新宠，连家门都懒得出了，一心扑在小猫身上。朋友们发出的聚会邀请她一律婉拒，连孙姑娘的夏季时装派对都没去。

家里有了新成员，要准备的东西太多了。李小娘子和她妈妈一起给小猫缝了个猫窝，又去集市买了些特制的幼猫猫粮。小猫刚断奶，李小娘子怕它吃不惯猫粮，吩咐婢女每天准备一些牛肉碎，拌在米饭里给它吃着，过渡几天。

小猫每天吃得好，身体长得快，毛也愈发柔顺，比它刚到家的时候好看了不少。

婢女夸赞："这小狸奴越长越好看了，跟姑娘你有缘啊。它每天都围着你转，你一不在它就一直叫。"

李小娘子很得意："我跟动物都有缘。假以时日等聪聪长大了，肯定比它妈妈更好看！"

说到这儿，李小娘子又想起，等小猫长大了，她就该忘了它小时候憨厚可爱的样子了，得记录下来才是。她让婢女取笔墨纸砚，即兴给小猫画一幅肖像画。

自从把小猫接回来，李小娘子每天都跟它待在一起，小猫的每一个特征她都很熟悉，但真要入画还是得再观察观察。趁着婢女研墨，她抱起小猫上下打量一番。小猫不知道主人想干吗，喵喵叫着，似乎有些想下去玩。

为了画出小猫最好的状态，李小娘子取了一个她上次做香囊剩下的线团给它。小猫看到线团就扑了过去，抓着不放，憨态可掬。李小娘子很满意，一笔一画描绘了这一场景。

太阳渐渐下山，一幅《狸奴嬉戏图》完成了。李小娘子欣赏了一番，十分满意。

又过了几天，孙姑娘耐不住寂寞，找上门来了。她很纳闷，李小娘子最近是怎么了，叫了好几次都不出门。最近天气逐渐炎热，她还想约李小娘子泛舟去呢。

孙姑娘和李小娘子差不多，最近一颗心都系在她的猫身上，出门也没忘记抱着她心爱的小宝贝。她抱着呆呆，一边呼唤李小娘子的乳名一边朝她房间走去。

李小娘子在书房画画，这已经是她画的第三张狸奴图了。她乐此不疲，恨不得每天画一张。听婢女说孙姑娘来找她了，她放下画笔，抱着小猫出门。

孙姑娘正好走过来，抱着猫的两人面面相觑，然后不约而同笑出声来。

"你怎么也不声不响养猫了？"孙姑娘问她。

"哪有不声不响，我念叨很久了，只是一直没找到合适的。"

"这只小狸奴哪里聘来的？真好看。"

"太平楼。"

"有点耳熟啊。"孙姑娘想起来了，"那不是赵公子他表哥开的吗！"

"对啊。赵公子表哥家的猫生了崽，我亲自上门去聘的。"

孙姑娘逗她："这赵公子对你很上心啊，是不是……"

"别瞎说，是我哥替我要的！他们家狸奴生了六只小猫崽，我一眼挑中了聪聪，它果然跟我很有缘，我一出门它就叫，所以最近我都没去参加你的派对。"

"我说呢，最近叫你你怎么都不出门了。"孙姑娘说，"这几日天气不错，有没有兴趣一起泛舟去？"

"这主意不错。那就说定了，回头约。"

李小娘子一点头，孙姑娘踏实多了，她早就想去泛舟了，苦于没人陪她。等等——

"你刚才说，你的小猫叫什么名字？"

"聪聪，聪明的聪。"

"聪聪？"孙姑娘觉得哪里怪怪的，"聪聪……呆呆？噗——"

呆呆不知道她们在说它，懒洋洋打了个哈欠，窝在孙姑娘怀里继续睡去了。

📖 小知识

1. 传闻唐高宗的妃子萧淑妃受武则天迫害，临死前曾赌咒"愿武为鼠，吾为猫，生生世世扼其喉"，因此宋朝民间称猫为天子妃；文学作品中对猫的称呼多为"狸奴"，如陆游《赠猫》中的"裹盐迎得小狸奴"。

2. 宋朝人把猫带回家养不叫买猫，叫聘猫，是要给猫的原主人"聘礼"的，最常见的聘礼是盐，因为"盐"同"缘"。

3. 宋人养猫成风，北宋都城汴京的集市上就有专门兜售猫粮的店铺。南宋时期，杭州城关于猫的经营项目更加完善，如卖猫窝的，给猫做美容护理的，等等。

泛舟篇
一

妖人古100天
桃放天

李小娘子生于文学世家，家教虽然严格，但家人对她的兴趣爱好一向都很支持。她和普通闺阁女子不太一样，看似温柔婉约，却有着不羁的文人风骨。她爱喝酒，也学酿酒，偶尔会去赌坊赌钱，兴致来时会乘一叶扁舟随波逐流，赏月听风。她那些在汴京文人圈中流传的诗词，也是得益于这样自由烂漫的生活。

泛舟是李小娘子最爱的娱乐活动之一。无须精致的画舫和优雅的环境，她只想安静地漂泊在水面上，听听风就行。孙姑娘受她影响，一到夏天就喜欢拉着她泛舟湖上，她们这一爱好保持很多年了。

今年夏天格外热，夏至过后，白天基本都是令人烦躁的蝉鸣，即便太阳下山，热气还是久久不散。李小娘子坐在院子里乘凉，边扇扇子边吃刚从冰库拿出来的荔枝膏。小猫在她脚边走来走去，看着她一直吃冷饮，舔舔嘴，馋了。

婢女提醒李小娘子："姑娘你晚上别吃太多冰的，容易拉肚子。明天下午你还要跟你堂哥去泛舟呢。"

李小娘子点头，却忍不住又吃了几口。明天泛舟的活动是李郎发起的，因前几天孙姑娘也约了她，她就把这两人约在一起了。鉴于孙姑娘和李郎属于眉来眼去爱情即将萌芽的关系，她可不想当电灯泡，就让李郎随便约个朋友，好有人陪她来一起承受这份尴尬。李郎喊了他好哥们儿赵公子，于是，明天又是熟悉的四人行。

婢女早就给李小娘子准备好了明日出行的东西。除了李小娘子特地交代的羊羔酒，她还打包了不少小吃零食。她听李郎提起，之所以约在这一天，是因为正好是满月，他们可以赏完月再回来。既然要待到晚上，李小娘子应该会肚子饿吧。

第二天下午，李小娘子乘坐马车去了郊外跟大伙儿会合。她穿得很清凉，头上也没有多余的首饰。春天才是隆重的季节，夏天就怎么简单怎么来了。孙姑娘跟她想的差不多，穿得十分单薄，还带了把团扇，一看就是最近在家热坏了。

李郎和赵公子已经在溪边等候了。两位公子都会划船，他们商

量了一下，先由赵公子掌舵，赵公子累了再换李郎来。

两位姑娘上了小船。船缓缓漂流，他们吹着风，路上的暑气也消了大半。沿着这条溪一直往南走，就会通往他们平时经常游玩的湖中。他们准备一路南下，在湖中赏月、喝酒，然后回家。

李小娘子很小的时候，曾有好几次跟着李郎来这条溪上泛舟，但一路游玩到湖中赏月，这样的经历却是今生第一次体验。当时她年纪太小，她爸妈不让她晚归，因此错过了不少美景。

（南宋）赵伯驹《莲舟新月图〉

回想起昔日种种，李小娘子很欣慰，今天她总算能尽兴了。

小船是李郎家的，麻雀虽小五脏俱全。这是他让木工特制的游玩用船，比一般小船要结实得多，不用担心遇上风雨天。

孙姑娘李郎坐在船篷里交谈着，心情十分美妙。李小娘子很识时务，没有去打扰，只给他们斟了酒，就去船头戏水了。她想起李郎那幅《清明游春图》中唐人泛舟的样子，也脱下鞋，把双腿放进溪水中玩耍。迎着风，吃着点心，喝着酒，别提有多爽了。

欢乐的时间过得总是很快。大约两个小时，他们的船抵达了湖区，眼前景象也豁然开朗了许多。此时夕阳西下，他们运气好，赶上了湖中的日落美景。

湖水平稳，赵公子暂时把船桨收了起来。李小娘子觉得他应该累了，赶紧让他加入，一起玩耍。她给大家挨个倒酒，谈笑间，杯中的酒很快见底了。

"快看，有火烧云！"孙姑娘激动地指向外面。

今天多云，天边云彩在阳光的映照下格外好看。随着夕阳渐渐落下，整片湖从赤红到金黄，再到浅黄……最后夕阳没入山头，火烧云也失去了踪影。

李小娘子感叹："这云彩太美了，值得回去画一张画，挂起来。"

孙姑娘本来想回应，只可惜她画画水平不怎么样，凑不了这个热闹，于是乖乖闭嘴了。

赵公子提议，大家回去后每人画一幅画，记录今天泛舟见到的美妙景色。李小娘子和李郎点头附和，孙姑娘支支吾吾，被迫答应。在李郎面前，她可不想丢人……

大家喝酒聊天，兴致高昂，从诗词歌赋谈到马球蹴鞠。

夜幕降临，月亮逐渐升起，在湖面洒下盈盈月光。虽说这月光足够明亮，李小娘子还是把婢女给她准备的灯点亮了。在这明月之夜，一叶扁舟漂泊在湖面上，小舟上一盏孤灯，美丽如画。

借着灯光，李郎向前轻轻划着船。这湖中心有一片荷花，也不知现在有没有开。他想把小船划到荷花丛中去，有花香有美酒，这才有赏月的气氛。

孙姑娘酒量最差，已经有些微醺了。她半靠在李小娘子身上，吹着湖面的风，脸颊通红。她指着天上："今天的月亮真圆啊！"

李小娘子提醒她看前方湖面："快看，好多荷花！"

船渐渐靠近荷花丛。孙姑娘揉揉眼睛一看，月光下的荷花朵朵绽放，像仙境一样。

李郎把船停在荷花丛中，回到了船篷。接下来，他们要安逸地享受赏花赏月的美好时光了。

几天后，李小娘子回想起月下美景，画了一幅《月夜莲舟图》，并在画的右上角题了一首词。她爸看了画和词，非常满意，让她以后尽管出去玩——只要她能写出美妙的词作，想怎么玩就怎么玩。

有了父母的首肯，李小娘子的咸鱼人生也进入了最佳阶段。

📖 小知识

1. 古人有月夜泛舟的习惯，他们会选在天气好的日子和朋友一同出游，于湖上赏月。苏轼《赤壁赋》就有写到自己和友人月下泛舟饮酒，并宿于船上直到天明。

2. 《世说新语》记载，王子猷雪夜突然想起友人戴安道，半夜乘小舟前往戴安道住处，到门口却尽兴而回，这就是著名的"雪夜访戴"的故事。在交通并不发达的年代，泛舟出游对古人生活的影响，可见一斑。

冷饮篇一

炎炎夏日的纳凉生活

晚上九点左右，李小娘子的房间窗户大开。她坐在窗边扇扇子，没有半分睡意。往年的夏天都还算凉快，今年不知道怎么回事，且不说白天了，晚上也热得很。她早睡的计划也被暑气无情打乱了。

大概坐了半个小时，李小娘子实在忍不住了，她换上凉快的纱衣，准备去院子里走走。

到了后花园，李小娘子远远看见湖边的凉亭中亮着灯。她觉得奇怪，走近一看，原来是她爸妈在纳凉。他们正斜倚在胡床上聊天，胡床旁边放了张小桌子，上面放了一盘切好的西瓜，两边还有婢女站着给他们扇扇子。李小娘子"酸"了，这俩人居然比她还会享受生活……

看见女儿走过来，李夫人赶紧让婢女从屋子里再搬一张胡床出来，招呼女儿一起纳凉。

"还记得有我这么个女儿呢，"李小娘子假装不满意，"你们决定出来纳凉的时候，怎么没想起叫我？"

"你最近总往外跑，谁知道你有没有去夜市吃凉水！"

"我倒是想，可惜明天一早我要去大相国寺上香。我本来准备早点睡，太热了，睡不着。"

被李夫人这么一说，李小娘子还真有点想吃凉水了。这么热的天，吃点冰凉的饮料，心情会变好。

注意，宋朝的"凉水"可不是我们现在所说的生水，而是冷饮的统称。当时的人享受生活，凉水也多种多样。夏天一到，在汴京任何一个集市都能买到凉水。

李小娘子回想起州桥夜市上卖的凉水，诸如荔枝膏、椰子水、绿豆水、木瓜汁、豆儿水、冰雪冷元子、甘蔗汁、水晶皂儿……哎，好想吃，嘴馋。

婢女很快搬出了胡床，李小娘子坐在父母边上，拿了一块西瓜吃。没想到一口咬下去，冷不防牙齿一颤。原来这西瓜是在冰鉴里放过的——为了能在夏天吃到冷饮，她爸之前买了几个冰鉴放在家里。

李小娘子家不像孙姑娘家那么财大气粗，孙家直接在地下挖了冰窖。冬天的时候，他们派人从河里凿来不少冰块，在冰窖一直储藏到夏天。家里的水果蔬菜都可以放在冰窖保存，也可以直接用冰块做冷饮。

李夫人也拿了西瓜吃，她跟女儿聊天："我决定了，过阵子家里挖个冰窖，这样每年夏天我们都能随时吃到冰镇水果了。"

"用不着吧……也就今年夏天反常，以前没这么热的。"

"有备无患嘛。家里要是有足够的冰，拿一大块出来在凉亭放着，冰一化，我们纳凉也舒服很多。"

"这倒是。"李小娘子难得赞同她妈。孙姑娘就很会享受，听说她每天纳凉的时候都会从冰窖拿冰块出来，以度过炎炎夏日。

吃完冰西瓜，李小娘子觉得不过瘾，问婢女："冰鉴里还有什么吃的？都拿来吧。"

　　婢女退下，不一会儿端了个小盆出来。李小娘子打开盖子，里面放的是药木瓜。昨天她看见她妈妈在厨房做了这个，过程不麻烦，只一眼她也学会了。先把木瓜煮到发白，洗干净后用盐和中药腌渍，腌完了加入蜂蜜，用冰水泡着。

　　李老爷不爱吃西瓜，见婢女端了冰镇药木瓜出来，吩咐给他也盛一份。

　　一家三口各端了一碗冷饮，边吃边闲聊，四周草丛里传来虫鸣声，气氛安逸祥和。在这样的天伦之乐下，渐渐地，李小娘子觉得好像也没那么热了。

📖 小知识

1. 胡床不是床，是一种可以折叠的坐具。最早的胡床跟马扎很像，演变到宋朝，胡床多了扶手和靠背，可以斜靠着坐，类似交椅。

2. 在宋代，"凉水"特指冷饮。夏天的州桥夜市有很多冷饮出售，如冰雪、荔枝膏、砂糖绿豆、水晶皂儿、冰雪冷元子、黄冷团子等。

3. 冰鉴是古代的冰箱，构造如双层木桶，中间夹层里放冰块。古人夏天用冰鉴存放蔬菜水果，集市上小贩出售冷饮也会用冰鉴储存。

4. 宋朝冰窖已经很常见了，不仅宫廷，民间也有不少。当时的人会在冬天把河中的冰凿下放到冰窖里，夏天搬出来卖。权贵人家多在自家挖冰窖，储存蔬果。

一起去夜市吃冷饮

李小娘子感叹今年夏天太热，不适合在家发呆，连她最爱的小猫都暂时对她失去了吸引力。这一天晚上，她坐在胡床上看了许久月亮，突发奇想，准备去夜市吃冰雪冷元子。没错，她是个"减肥狗"不假，但是没有冷饮的夏天不配叫夏天，她决定吃完了再减肥！

一个人逛夜市太无聊，李小娘子第一个想到的自然是她的好闺密孙姑娘。她事先没打招呼，上了马车就往孙姑娘家赶。

孙姑娘是个比李小娘子还会享受的主儿，李小娘子到她家时，她正靠在竹椅上纳凉。只见她闭目养神，怀里抱着竹夫人，旁边的桌上放了一大盆冰，她的婢女用扇子扇着冰块。

凉风习习而来，孙姑娘极其享受。

婢女看见李小娘子，正要提醒，李小娘子比了个噤声的手势。她轻手轻脚走过去，一把从孙姑娘怀中抽走了竹夫人。孙姑娘吓了一跳，赶紧坐了起来。

李小娘子哈哈大笑。婢女也跟着笑。

"吓死我了！"孙姑娘拍拍胸口，拿了扇子去打她，"你怎么来了，也不提前说一声。"

"因为是临时起意啊。"

"来得正好，我一个人无聊，陪我待会儿呗。想不想吃水果？我家冰窖有很多水果呢，我让人去取。"

李小娘子阻止她："不用不用，不吃水果了。有没有兴趣陪我去州桥夜市吃凉水呀？"

"身体是懒得去，精神上又想吃，唉。"孙姑娘叹气。

"既然想吃，那就别懒了，走吧！"

孙姑娘换了身衣服，俩人高高兴兴出门去了。

她们有一阵子没来州桥夜市了，没想到夏天的夜市更加热闹，不仅两边的铺子里卖的东西更多了，而且多出了一群在路边摆摊的小贩。估计他们也是因为天太热在家待不住，干脆来夜市摆摊赚点钱。大多数小贩的摊子上都摆着冰鉴，李小娘子猜，冰鉴里放的应该是各种凉水。

李小娘子挑了一家客人相对少的店，找了张空桌子坐下，她要了一份心心念念的冰雪冷元子。孙姑娘要了一份水晶皂儿，冰雪冷元子她经常吃，今天她想尝尝不一样的。她听她妈说，水晶皂儿是用皂角仁浸泡糖水做的，入口冰凉甘甜，非常好吃。

老板端上了她们点的凉水。李小娘子尝了尝，赞不绝口，夸这家的师傅手艺好。孙姑娘吃着水晶皂儿，感觉也还行，但是没有她妈说的那么惊艳，或许是比较合她妈的口味吧。她对李小娘子说："旧宋门外的两家凉水店最有名，我吃过几次，回味无穷。改天我带你去尝尝。"

"我也听我哥说过，除了曹家从食，旧宋门的凉水是最好吃的，不过卖得很贵。"

"贵有贵的道理。这两家店不仅味道好，所有凉水都是装在银质容器里的，能不贵吗！"

李小娘子被她说得动心了，让她改天带着去吃一次。

"你刚说你哥，最近都没怎么见他，他忙啥呢？"

"忙着画画，明天他还约我去他家一起挂画呢，你要不要去？"

孙姑娘求之不得："好啊好啊。"

她们聊得正开心，老板娘端了两碗白色的冰沙过来，热情招呼："两位姑娘，这是我们店的新品，明天就要正式推出了，先请你们试试味道。"

这冰沙看着很好吃的样子，她们以前从未见过。

李小娘子问："这个叫什么？看上去好特别。"

老板娘笑着说："叫作'酥山'，是前朝最流行的饮品。夏天一到，汴京城的凉水店竞争太激烈了，我们店最近客人不多，不开发点新品很难杀出重围。我老公最近在研究前朝食谱，这是他照着食谱自己做的。"

李小娘子在古籍上看到过酥山，据说是一种用牛奶做的冰饮。她拿起勺子尝了一口，酥山入口即化，冰凉甜蜜，实在太好吃了！孙姑娘显然也很喜欢，没几口就把一碗酥山吃完了。

为了感谢老板娘送的酥山，孙姑娘想照顾一下她家生意，又点了一份荔枝膏、一份雪泡豆儿水和一份砂糖绿豆。要不是李小娘子及时阻止，她还想叫份兔子肉和鸡肉干，就着凉水一起吃。

李小娘子说："你点菜总是收不住，点太多了！而且你吃完凉水又吃肉，小心闹肚子。"

"才不会呢，我是铁胃，吃不坏。"孙姑娘不以为意。

但是很快，孙姑娘被啪啪打脸——当晚回家她就闹肚子了，一晚上跑了七八次厕所，差点没虚脱。想到明天还得去男神家挂画，孙姑娘都想打死自己，千不该万不该，大晚上吃那么多冰的东西，真是罪过。

📖 小知识

1. 竹夫人是用竹篾编织的乘凉用品，古人夏天喜欢抱着竹夫人乘凉。苏轼有诗，"留我同行木上座，赠君无语竹夫人"。

2. 宋朝最有名的三家冷饮店，一家叫曹家从食，另外两家位于旧宋门外，店名无从考证。《东京梦华录》载：冰雪"惟旧宋门外两家最盛，悉用银器"。

3. 唐朝人也有吃冷饮的习惯，其中最有名的冰镇饮品叫酥山，唐章怀太子墓出土的壁画中绘有仕女端着酥山的图。

4. 关于宋朝冷饮的典故，据《宋史》记载，南宋孝宗曾对礼部侍郎说："朕前饮冰水过多，忽暴下，幸即平复。"

挂

画

篇

一

李郎风雅，在汴京城的文人圈是出了名的。这一天，他在家中举办了一个以挂画为主题的小沙龙。邀请的人不多，除了他几个同爱画的至交好友，还有堂妹李小娘子和她的闺密孙姑娘。

　　之所以选在这个时候办挂画沙龙，是因为他叔叔李老爷前天送了他一幅据说是魏晋时期的古画。这幅画的作者不详，画风也自成一派，无从考据，他准备让朋友们一起鉴赏，看能不能得出什么结论。顺便，前些日子他和李小娘子一行人去泛舟，约了各画一幅画，他已经完成了，得把画装裱起来。

　　在邀请函上，李郎特地叮嘱李小娘子、赵公子和孙姑娘，务必把泛舟的画作带上，大家共同鉴赏。

　　沙龙的举办地点定在了花园湖心亭的水榭中，这个水榭是他平时写诗作画的地方。为了迎接前来参加沙龙的朋友，他特地让账设司、排办局和果子局把水榭整理布置了一番，摆了屏风，放上了鲜花和时令水果。

　　朋友们陆续到了，见水榭的摆设，都啧啧称赞李郎会享受生活。

　　李小娘子和孙姑娘约了时间一起到的李郎家。她们按照李郎的要求，都把各自的画作带上了。李小娘子的《月夜莲舟图》得到过她爸的夸奖，而且她的诗词书画一向有口皆碑，因此她信心满满。孙姑娘就不同了，舞文弄墨的事她一直不擅长，要不是不好意思在心上人面前丢脸，她甚至都不想提笔作画。

　　到了花园，李郎家的下人带两位女士去乘小船上湖心岛，抵达

（宋）佚名《莲舟仙渡图》

水榭。李小娘子以为和上次香席一样会来很多人，没想到……她数了下，加上她和孙姑娘在内，也就八个人。她一眼就看见了坐在李郎身边的赵公子——他手里也拿了一幅画，应该是泛舟那日约定画的。

赵公子也看见了李小娘子和孙姑娘，朝他们点头问候。

李郎一看他邀请的人都到齐了，让书童安排大家落座。他先把叔叔送的画拿了出来，对众人说："这幅《抚琴图》是我叔叔送给我的，据说是魏晋时期的画。可惜年代久远，画保存得有些瑕疵，上面也没有作者的题字，究竟是不是魏晋文人所作，还存在疑虑。大家怎么看呀？"

在座的人各抒己见，滔滔不绝。但总体来说，大家对这幅画的评价还是很高的，尤其是画上面的那两句诗，笔力遒劲，颇有魏晋风骨。

见大家都夸奖，李郎很满意。他叔叔是个书画收藏家，他送的画应该不会差。

李郎合上卷轴，交给书童。他又拿出了前几日刚画完的《夕阳泛舟图》，给大家展示了一番："本月十五，我和我妹妹、孙姑娘、赵公子一同泛舟。我们相约，回家后各自画一幅画，记录一下看到的风景。我画的就是这幅《夕阳泛舟图》啦。朋友们一起看看，指点指点。"

朋友 A 说："这天边的火烧云画得太传神了，尤其是云彩在水中的倒影，妙啊！"

朋友 B 说："夕阳才是点睛之笔。"

朋友 C 说："我觉得还是湖面的涟漪画得更妙。"

得到大家的夸奖，李郎很高兴。接下来他要做的就是把这幅画装裱起来，然后在这水榭厅堂中找个地方挂起来。

品鉴完李郎的画之后，李小娘子也很大方地把她的画打开，供大家欣赏。出乎众人的意料，李小娘子的画跟李郎的画相比，竟然更胜一筹。他们以前只知李小娘子诗词作得好，没想到画画也是一绝。

李郎见大家对妹妹的画比对他的评价更高，也不生气，反而很骄傲："我妹妹可是这汴京城中出了名的才女。这幅画还不是她的最高水平呢。"

大家一听，更惊讶了。他们纷纷提要求，下次李郎家再举办沙龙，必须邀请李小娘子一起来。李郎点头同意，李小娘子当然也不会拒绝。

接下来是赵公子的展示时间，他平日里低调，不显山不露水，也很少在家举办这种雅致的活动，是以在场除了李郎，鲜有人知道他的才学。等到他一展示他那幅《随波逐流图》，所有人都忍不住发出哇的声音。因为，实在是画得太妙了！

只见小溪之上，一叶扁舟随波而下，一男子站在东侧掌舵，一女子坐在南边的船头，将双腿放入溪水中嬉戏。岸边，两个小童拿着捕蝉的网兜往前方树林奔跑，一看这景象，赏画的人似乎听到了蝉鸣声。

李小娘子脸一红。她的关注点是，船头坐着的戏水女子，分明就是她啊，她那天就穿着这身衣服……

不过很快，李小娘子缓过神来了。她原以为她的画能夺得今日最佳，没想到被赵公子抢了风头。这也激起了她新的创作欲，暗暗发誓，下次一定要赢过他。

最后，在大家的催促下，孙姑娘不情不愿打开了她的画作。她低着头，似乎很不好意思。确实，她的画和前三位的相比，技艺差了不少，但也不是毫无可取之处。画中，小船孤零零漂着，天上明月倒映在湖面上，看似十分安逸、宁静。

有人问孙姑娘，这幅画叫什么名字，她摇摇头："我画得不是很满意，还没取名字。"

说这话的时候，她看向李郎，本意是想让李郎帮忙取个名。李郎却颇有兴趣地盯着画看了一会儿，然后提起笔，在孙姑娘的画上开始续作。他一气呵成，在船上画了一位垂钓的男子，又在湖中添了几

（南宋）马远《寒江独钓图》

尾鱼。画完这些，他看了看，觉得不太满意，又在远处添了一片影影
绰绰的荷花。

　　被李郎这么一加工，孙姑娘这幅画立刻多了生气。他给这画取
名《孤舟垂钓图》。

　　四个人的画作在排办局的忙碌下，很快都装裱完了。最开心的
当属孙姑娘，这可是她和李郎共同完成的画呢。她拿着卷轴，喜滋滋
回家去了。

📖 **小知识**

　　1. 古人在喝茶时会品鉴挂在茶座旁边的画，到了宋代，这样的
　　　活动变得更加频繁，品鉴内容以诗词画等作品为主。文人平
　　　日收藏字画，会在聚会时向朋友展示，互相鉴赏。以上活动
　　　统称为"挂画"，是宋人生活不可或缺的部分。

2. 前文提到的"四司六局"，其中"帐设司"主要负责桌帏、屏风、绣额、书画等，"排办局"负责挂画、插花等。聚会前，文人雅士会把宴会厅布置一番，使得宴席更有格调。

3. 宋人文雅，爱好书画者多，因此装裱工艺也在这一时期有了很大的发展。也正是因此，很多名作才得以保存。

4. 宋朝时期，挂画风潮经久不衰，不仅文人雅士挂画，民间百姓家中，甚至酒楼、茶楼等也有这样的风尚。

投壶篇

一

三天前，李小娘子收到了赵公子送来的信，邀她去太平楼吃饭。她倒是记得有这么回事，赵公子提过，潘楼街一带有家大酒楼叫太平楼，是他表哥经营的。太平楼在汴京城颇有名气，据说主厨的拿手菜烧鹿肉远近闻名，很多人提前几天预约就为了吃这道菜。

赵公子的信中还提到，让李小娘子带着小猫前往——李小娘子的小猫聪聪是从太平楼聘来的。一转眼，小猫已经到李小娘子家一个多月了。李小娘子想，母猫应该很想它的孩子，是该带它回去一趟了。

李小娘子问了孙姑娘，果不其然，孙姑娘也收到了邀请。李郎作为赵公子最好的朋友，自然也是收到了邀请的。可惜他昨天临时有事出远门了，需要大概半个月才能回来，不能一起去大饱口福了。

婢女给小猫喂了猫粮，交给了李小娘子。李小娘子抱着小猫上马车，前往太平楼赴约。

孙姑娘比李小娘子早到十几分钟，她已经和赵公子聊上了，俩人坐在包间兴致勃勃翻菜单，商量点什么菜。赵公子作为请客方，大手一挥，把太平楼的招牌菜全点了一遍。他们三个人一共点了九个菜，把小二都给震惊了。

吃完饭，孙姑娘觉得自己肚子都要炸了，尽管为了吃这顿饭她今天一整天都没吃东西。

赵公子提议，不如大家一起去后院走走，消消食，顺便李小娘子可以带小猫去见见猫妈妈。赵公子表哥的猫，平时就养在后院的厢房里。

孙姑娘第一个站起来，她实在太撑了，巴不得马上去溜达一圈。

太平楼毕竟是汴京城排得上号的大酒楼，虽然比不上樊楼那么气派，但也着实壮观。从主楼到偏楼中间隔了个很大的院子，院子里有池塘，有假山，还有一排供工作人员休息用的厢房。李小娘子一行人走到假山边，远远看见几个人围在那儿玩投壶。赵公子一看，原来是他的表哥表嫂还有表妹。

赵公子打招呼："表哥，李小娘子带小猫来了，你现在有空吗？"

赵表哥玩得正嗨，见客人来了，便邀请他们一起玩："猫就在房间里。你们既然来了，不用着急，一起来玩啊。"

赵公子为难，问李小娘子和孙姑娘："你们会玩投壶吗？要不要一起玩？"

（明）商喜《明宣宗行乐图》（局部）

李小娘子喜静不喜动，投壶她只玩过几次，水平实在不怎么样，也就配关起门来自娱自乐。这是她第一次在外面被邀请玩投壶，不好意思拒绝。因为投壶的历史她很清楚，这项活动起源于春秋战国时期，当时并不是作为游戏而存在的，而是礼仪。主人宴客，邀请客人射箭，客人是不能拒绝的，不会射箭的客人就以投壶代替。总之，拒绝了就是没礼貌……

既然如此，李小娘子只好硬着头皮："会一点点，那我就献丑啦。"她突然想起，孙姑娘好像是个投壶高手，去年过年那阵子在朋友家里玩投壶，她看见孙姑娘一出手，就打败了在场所有人。于是双眼放光，求助地抓着孙姑娘："我们组队吧，能不能保住面子就靠你了！"

孙姑娘无所谓，身为投壶界的王者，无论多少青铜她都带得动。

在场正好六个人，大家两两组队，分成了三组：李小娘子和孙姑娘，赵公子和表妹，表哥和表嫂。赵家表哥让小二又搬了两个壶过来，他给每个人分了八支箭，说了下规则。

李小娘子是六个人中实力最弱的，接连四次都投了个寂寞，别说投中了，连壶的边都没挨上。简直丢人丢到姥姥家。她惨兮兮地看着孙姑娘，一脸抱歉。孙姑娘拍拍她的肩膀鼓励她："没事，这不是才第一局。有我在，我们肯定能赢！"

接下来投壶的是赵公子。他第一次投空，第二次和第三次都中了，第四次碰到壶，又掉了出来。总体来说表现还行，勉强保住了颜面。

王者孙姑娘一上场就大杀四方，百发百中，连中贯耳，看得所有人一愣一愣的。赵家表妹奉她为偶像，激动地拉着她的袖子让她常来，以后只要她肯来陪着玩投壶，点菜一律给她免单。这话稳稳戳中了孙姑娘的点，诗词歌赋她不行，马球捶丸投壶蹴鞠等，全是她的强

项。能白吃白喝，岂有不答应的道理！孙姑娘拍胸脯保证，一定经常
来教赵家表妹投壶。

歇了几分钟后，大家开始了第二轮比赛。在王者孙姑娘的带动
下，寂寞的青铜李小娘子居然也被带赢了。

李小娘子热泪盈眶，头一次这么感谢孙姑娘。在赵家表哥的热
情鼓励下，他们又玩了几轮，直到太阳快落山李小娘子才解脱。赵公
子说带她的小猫去找母猫的时候，她长长松了口气。还是养猫好玩，
投壶太揭她短板了，以后在外人面前她绝不自取其辱玩这个了。

📖 小知识

1. 古代文人被要求掌握六种基本技能——礼、乐、射、御、
   书、数，投壶来源于"射"。春秋战国时期，诸侯宴请宾客，
   会在宴席上邀请客人射箭，这是礼仪，客人不能拒绝，因此
   有些不会射箭的客人会把箭投入壶中代替。投壶由此而来，
   久而久之发展成了一种游戏。

2. 投壶源于"射"，古文中经常会以"射"字形容投壶。如欧阳
   修《醉翁亭记》中，"宴酣之乐，非丝非竹，射者中，弈者
   胜，觥筹交错，起坐而喧哗者，众宾欢也"。

3. 司马光认为当时流行的投壶有悖于古代礼仪需求，越来越娱
   乐化。他对投壶进行了创新改革，重新制定了一套游戏规
   则，比如第一箭中的叫有初，投入壶耳叫贯耳。这套规则制
   定后，很快就流行开来。

4. 投壶自春秋战国兴起，一直流行到明清时期。明朝宣宗皇帝
   朱瞻基也是一位投壶高手，故宫博物院现存明代画作《朱瞻
   基行乐图》就绘有朱瞻基投壶的场景。

弈棋篇

一

这一年的夏天是炎热的，也是短暂的。在新养的小猫还有各种水果冷饮的陪伴下，李小娘子度过了一个个美妙的夏日。她换下轻薄的纱衣，换上厚实的褙子，做好了迎接秋天的准备。

天气转凉，汴京城秋高气爽，出行的人也越来越多了。李小娘子大半个月没出门了，自从那天从太平楼回来，她基本都待在家里，跟她爸下棋，跟她妈学绣花，日子过得平静且有些许无聊。她突然想起，李郎上周就回来了，不过他回到家也没跟她打招呼，好像一直在家瘫着。

"这不太符合我哥的性子啊。"李小娘子犯嘀咕。

李郎爱好社交，经常跟朋友聚会，这次离开汴京半月，回到家居然没出门？李小娘子觉得，这其中一定发生了什么。正巧，她最近下棋总是输给她爸，李郎又精通棋艺，她可以去找他切磋讨教一番。

到了李郎家，出来迎接李小娘子的是书童。李小娘子问书童："我哥最近啥情况，怎么变宅男了？"

书童叹气："前阵子出门得了本棋谱，有几个棋局解不开，一直闭门研究呢。"

"什么样的棋局，连他都解不开？"

书童简单描述了一下情况，说是有一天晚上下大雨，他陪着李郎在寺庙借住。寺庙有两个和尚点着灯对弈，李郎好奇围观，之后跟他们对弈了几局。和尚觉得自己遇到对手了，很高兴，就送了李郎一本前朝棋谱。李郎像得了宝贝一样，一回家就开始研究。

李小娘子啧啧赞叹，她这个哥哥不愧是棋痴。

书童领着李小娘子去了书房。李郎见妹妹来了，赶紧拉她上前观棋。他很兴奋："看这棋局多妙啊，我研究好几天都没解开。你棋艺也不错，帮我参谋参谋？"

"你都解不开，我哪能啊。"

话虽这么说，李小娘子还是研究了一番。她皱着眉头，觉得这棋局是真够复杂的。李郎又给她看了那本棋谱，上面有很多这样奇妙的棋局。最近他沉迷于此，乐此不疲。

李小娘子却见怪不怪，点评说："唐朝文化人都喜欢棋，连玄宗皇帝都是个围棋迷，他们能摆出高深的棋局，一点都不奇怪啊。我下棋虽然不如你，但是我看的书不比你少。你听说过唐朝围棋国手王积薪的故事吗？"

"王积薪在弈棋界那么有名，我怎么会不知道。他是玄宗皇帝的'棋待诏'，经常进宫陪皇帝下棋。"

"有一段关于他下棋的野史趣事，叫作'王积薪闻棋'。"

"哦？这个我还真不知道。你说说看。"

李小娘子给李郎讲了这个故事。王积薪自认为棋艺天下无敌，有一天晚上他住在一家旅店，听见隔壁主人家的老太太喊她儿媳妇陪同下棋，儿媳答应。棋局开始了，老太太和儿媳边下棋边说话，我下第几道子之类的。她们各自口述着说了几十道子后，老太太对儿媳妇说，你输了。王积薪默默记下了她们落子的顺序，第二天按照记忆恢复了她们的棋局，猛然发现，这对婆媳的棋艺竟然远在他之上。

李郎听了，若有所思。宋人爱生活，各种娱乐方式层出不穷，也有了不少创新游戏。但就弈棋这一点而言，唐朝确实已经先一步流行开来了，他读过的唐诗就有不少是写弈棋的。就如李小娘子所说，

（北宋）李公麟《商山四皓会昌九老图》（局部）

唐人能留下这么奇妙的棋谱，一点都不稀奇。他爱棋如痴，有幸得到这样的棋谱，当然是想好好研究的。

李小娘子提醒他："日子长着呢，你急啥，以后慢慢看呗。不要老把自己关家里了，秋天到了，适合多出去走走，呼吸新鲜空气。"

李郎这才意识到，前几天就已经是立秋了。原来不知不觉，他在家憋了这么久了……

"行吧，听你的，我慢慢研究。不过既然你特地来了，不如陪我下一盘棋，过过瘾。"

"好啊，正好我也想向你讨教一下。你都不知道，我最近跟我爸下棋总是输。"

李郎让书童收拾好棋盘。他执黑子，李小娘子执白子，开始切磋。

兄妹二人对弈棋都有着浓厚的兴趣，你落一子，我落一子，就这么对弈着，不知不觉天都快黑了。最终，李小娘子输了四次，赢了三次。

📖 小知识

1. 唐朝弈棋文化盛行，不仅文人雅士好弈棋，妇人也以此为娱乐。新疆吐鲁番阿斯塔纳 187 号墓出土的屏风画《弈棋仕女图》描绘的就是当时的贵族妇女下棋的场景。

2. "棋待诏"是专门陪皇帝下棋的人，以围棋为主，也被称为棋官或国手。唐朝著名弈棋高手王积薪是玄宗的棋待诏，《唐国史补》中记录了"王积薪闻棋"的故事。宋朝也设有棋待诏一职，属翰林院管辖。

3. 《全唐诗》中有不少描写下棋的诗作，如温庭筠《寄清源寺僧》，"窗间半偈闻钟后，松下残棋送客回"。

4. 宋朝围棋文化盛行，涌现出一批国手，如太宗的棋待诏贾玄。其中最有名的国手刘仲甫，人称其技艺较唐代王积薪高"两道"，著有弈棋相关作品《棋诀》等。

抚

琴

篇

初三这一天，李家格外热闹，因为是李小娘子的生日。李小娘子不像孙姑娘那么热衷聚会，但生日毕竟一年才一次，还是值得好好庆祝的。她很难得邀请到了圈中绝大部分好友——除了几个有事不能出席的。

李夫人安排了"四司六局"来操办女儿的生日宴会，宴会排面搞得很大。她知道李小娘子爱吃太平楼的菜，为了给女儿一个惊喜，她特地找李郎帮忙请了太平楼的厨子来家里。这事被瞒得很好，除了李夫人、李老爷还有李郎，全家上下没人知道。

除了宴会，李夫人还精心准备了一份生日礼物，是她花了大价钱从朋友那儿收来的古琴。李小娘子爱抚琴，五六岁学琴到现在，各种名曲信手拈来。她不太喜欢在人前卖弄，知道她抚琴技艺高超的人不多。但是知女莫若母，李夫人觉得，这份礼物一出手，女儿肯定会很高兴。

李老爷的想法和李夫人不谋而合，他为女儿准备的礼物是一幅《知音图》。那是他亲手画的，以俞伯牙和钟子期高山流水遇知音的故事为背景，李小娘子是喜欢音律的人，一定能看懂他的用意。

宴席正式开始前，大家都在厅堂聊天。有几个朋友很久没见李小娘子了，拉着她聊各种八卦。孙姑娘姗姗来迟，一听大家在说八卦，也赶紧加入进来。只听见她们在聊，最近朱家桥瓦舍新来了一位琴师，是个四五十岁的大叔，抚琴技艺出神入化，连皇帝都微服去听过他的演奏会。

孙姑娘很不屑："能有多好？有我家亲爱的好吗？"

A姑娘听出了孙姑娘在说李小娘子，表示很意外："李小娘子从没在我们面前抚琴，难不成她是一位隐藏的王者？"

"那当然，她在抚琴一事上可是有相当造诣的。"

B姑娘也很惊讶："哇，居然深藏不露，那你今天可要给我们露一手啊！"

李小娘子被夸得不好意思，脸一红："没那么夸张啦，爱好而已。"

这时候李郎、赵公子还有其他几位被邀请的男同胞也来了。李郎作为哥哥，第一个送上了礼物。李小娘子打开一看，是一本琴谱。她很开心："还是哥哥懂我，这礼物我喜欢！"

赵公子搬出一个很大的盒子给李小娘子，在场的人都很纳闷，究竟什么样的礼物要装这么大的盒子。他们催促李小娘子打开。在众人的期待下，李小娘子打开一看，竟然是一架伏羲氏七弦琴。

李小娘子拨弄了一下琴弦，十分惊喜。恰好这时李夫人和李老爷也来到了大厅，李夫人手里也抱着一架七弦琴，她觉得很尴尬，竟然有人先她一步送了女儿一架琴……

李小娘子看到老妈手上抱着的礼物，也愣了一下。不过这并不影响她喜悦的心情，她喜笑颜开地把大家送的礼物一一收下。

孙姑娘撺掇李小娘子："现在有现成的琴了，要不你就来一曲呗。"

其他人也附和："是呀是呀，来一曲嘛。"

李小娘子本来想低调些，但是赵公子送的琴她实在太喜欢了，忍不住想活动活动手指。她调了下音准，开始弹奏。

琴声一响起，所有人都惊呆了。他们从没听过这样的曲子，时而恢弘，时而低沉，时而像风雨大作，时而像鼓声喧天。和朱家桥瓦舍的琴师相比，有过之而无不及。等到一曲完毕，大家都还沉浸在乐声中，回味、思考。

孙姑娘最先回神，她问李小娘子："这是什么曲子，以前怎么没听你弹过？"

赵公子说："如果我没猜错的话，是《孤馆遇神》吧？"

李小娘子点头："是的。"

听了这个答案，其他人面面相觑。他们之中不乏琴中老手，但都没听说过《孤馆遇神》这首曲子。有人问赵公子，让他代为解惑。

赵公子说："《孤馆遇神》相传是曹魏时期的名士嵇康所作，当然，远没有他和《广陵散》的故事有名。这首曲子曾一度失传，只有少许不怎么主流的琴谱中有收录。"然后，他给大家讲了《孤馆遇神》这首古琴曲的典故。

相传某天晚上，嵇康独自一人借住在朋友王柏林的空宅中。夜深了，嵇康睡不着，于是起来抚琴。一曲弹完，他抬头看见了八个鬼影。不过嵇康并没有害怕，他大声呵斥鬼影离开。鬼影们没有马上离开，而是长跪在灯下，向嵇康诉苦，说他们是周朝的乐师，被赐死在这里，他们从嵇康的琴声中感知到了他的气度，请求他帮忙从孤馆后面的林子里把他们的尸骨挖出，迁移到别处安葬。嵇康答应。

第二天，嵇康把这事告诉了王柏林，他们果真在树林里挖到了八具尸骨。嵇康信守承诺，将尸骨安葬。当晚，嵇康梦见八鬼来向他道谢。这段经历令嵇康印象很深刻，他据此谱写了一首古琴曲，取名"孤馆遇神"。

听赵公子说完这个故事，李夫人埋怨李小娘子："生日这样喜庆的日子，怎么弹这么不吉利的曲子……"

吟徵調商竈下桐
松間疑有入松風
仰窺低審含情客
以聽無絃一弄中
　　　　臣京謹題

聽琴圖

（北宋）赵佶《听琴图》

李小娘子不以为然："哪里不吉利了，我觉得很酷啊！嵇康遇见的是枉死乐师的鬼魂，写的曲子名字却称为遇'神'，而非遇鬼。这才是名士作风！"

孙姑娘同意："是啊阿姨，我也觉得很酷。而且这曲子太绝了，一般人可弹不出曲中风骨。"

李夫人只好认厌："算了，你们年轻人的想法太先进，我是跟不上了。我们还是吃饭吧。"

宴席开始了，茶酒司和台盘司的人上来，邀请大家入席，菜一道道被端了上来。在座很多人都去过太平楼，吃出了这是太平楼厨师的手艺，交口称赞。

李小娘子这个生日过得很满意。最满意的是收到了两架古琴，还有一本让她爱不释手的琴谱。

📖 小知识

1. 古琴造型样式很多，比较常见的有仲尼式、伏羲式、蕉叶式、落霞式、灵机式等。

2. 古琴一度为七根琴弦。宋太宗赵匡义是古琴爱好者，他想效仿古人增琴弦，把七弦琴改为九弦。宫廷琴师朱文济被称为"鼓琴天下第一"，他坚决反对太宗增弦，认为这样会坏了音律。朱文济也因此被太宗冷落。

3. 宋徽宗赵佶不仅书画出众，琴艺也是一绝。他曾设立万琴堂，搜集天下名琴，其中就有唐代古琴"春雷"。据传，靖康之变徽宗钦宗被停后，万琴堂中的名琴也被运往全国。另，宋徽宗还创作了名画《听琴图》，画的是松下抚琴听琴的场景。

《听琴图》现藏于故宫博物院。

4. 宋人热爱古琴，中国现存最早的琴曲专著《琴史》也诞生于宋朝，作者朱长文。书中收录了从先秦到北宋的156位古琴名家，包括孔子、师旷、伯牙、子期、嵇康、司马相如、陶渊明等。《琴史》对宋朝文人影响极大，如今耳熟能详的学问家如苏轼、范仲淹、欧阳修等，都是琴艺高手。

5. 嵇康是曹魏末期的音乐大家，创作了《长清》《短清》等曲，相传《孤馆遇神》也是嵇康所作。现存文字作品中只有明代《西麓堂琴统》记载了《孤馆遇神》及其背景故事。

七夕篇

一年中，又一个逛街的好日子

李小娘子的生日是七月初三，每年她生日这一天，汴京城已经笼罩在喜庆的气氛中了。谁让她就出生在七夕前几天呢！七夕在当时可是个大日子，民间几乎都会提前三五天准备迎接这一天的到来。李小娘子也算变相沾了七夕的光，有种满城的热闹都是为了迎接她生日的错觉。

或许是受这种节日氛围的影响，早在李小娘子生日当天，孙姑娘就兴致勃勃跟她相约，七夕早上十点在龙津桥会合，逛街购买乞巧用的物品。

此处有必要强调一下，在宋代，七夕仅仅是乞巧节，与现如今"情人节"的概念没有一丝一毫的关系。如果一定要赋予这个节日其他的意义，那应该就是"少女节"吧。女孩们会在七夕当天晚上搭彩楼，举办乞巧仪式。对重女红的古代妇女来说，乞巧的意义非同寻常。

李小娘子虽然不喜爱女红，但乞巧这个仪式她还是很重视的。她和其他女孩们不一样，不是为了求织女赐自己一双巧手，她纯粹是为了有机会出去玩。这不，她还没收拾好呢，她妈已经让婢女来提醒好几次了，让她赶紧上街买东西去。

李夫人拿了点钱给女儿，叮嘱："有喜欢的衣服可以多买几身，你最近就穿得有点素，该添置新衣服了。哦对，'磨喝乐'人偶也可以多买几个。"

"知道啦，你要是不放心可以跟我一起出门。"

"分身乏术，我还得盯着果子局和菜蔬局准备今晚宴会的事呢。今晚我们家会来一些亲戚，吃饭的人多。还有乞巧仪式，搭彩楼什么的，这可是最重要的事。"

提到乞巧仪式，李小娘子提醒她妈："别忘了给我准备乞巧用的蜘蛛。"

"忘不了。行了，你快出门吧，不早了。这几天街上很堵，再不去晚上赶不回来吃饭了。"

"知道啦。走了，再见。"

在老妈的唠叨声中，李小娘子带着喜悦又期待的心情出门了。

七夕热闹，李小娘子早就做好了大街上人挤人的准备，可一到目的地，她还是傻了眼——眼前这人山人海的样子，都快赶上春节了！她总算知道，为什么孙姑娘约她在龙津桥见，而不是集市的中心区域潘楼街。因为，马车根本进不去！

李小娘子下了车，去了她和孙姑娘约定的店铺。

孙姑娘正在喝茶，看到李小娘子，起身挥手："你怎么才来啊，我都等了好一会儿了。"

"我也不想迟到的，谁知道今天人这么多！"

"来，先喝口茶润润喉，我们还得抓紧办正事呢。"

李小娘子赶紧喝了口茶，还没休息够，惨兮兮地被孙姑娘拉着去挤人群了。

　　龙津桥附近有很多卖"磨喝乐"人偶的，其中一家店铺开的时间久，她们每年都会光顾。老板早就跟她们相熟了，一见老顾客进门来，笑嘻嘻迎了过去。他把今年最流行的磨喝乐全都拿了出来，让她们尽情挑选。

　　李小娘子按照她妈妈的叮嘱，每种样式各买了一个。她最喜欢撑荷叶造型的磨喝乐，买了两对，其中一对送给了孙姑娘。

　　选完磨喝乐，两人开开心心出了门。很巧的是，她们刚走了没多远，就见几个小朋友撑着荷叶在街上走，样子像极了她们手里的那对磨喝乐。这是当时的一种习俗，七夕当天孩童们会穿上新衣服，撑着荷叶模仿磨喝乐的样子，图个吉利。

　　进了潘楼街主干道，热闹的气息更浓烈了。街上搭了很多彩色的帐篷，里面卖的是七夕最常见的观赏植物，叫"种生"。店家把绿豆、小麦等放入瓷瓶泡水，种子会长出几寸高的芽，他们用红色和蓝色的彩线把芽捆束，七夕当天拿出来售卖。

　　孙姑娘看什么都新奇，尽管她每年七夕都会出来逛很久，不到吃晚饭的点根本不舍得回去。不过今年不太一样，她早已不是小孩子了，她妈提出今晚的乞巧仪式让她来主持，姑家和姨家的表姐妹都会来她家里聚会，所以她吃完中饭就得回去。巧的是，李小娘子今晚也有局，没办法去闺密家蹭饭了。

　　俩人在龙津桥附近随便找了个铺子，垫了几口午饭，各自回家了。

　　李小娘子的马车里几乎被她采购的东西填满了，有新衣服、磨喝乐、花瓜、黄蜡鸟兽玩具，还有一盆给她妈带的"种生"。

📖 小知识

1. 在宋代，七夕是一个大型的购物节日，几乎每家每户都会出门采办。汴京城里的集市人山人海，车水马龙，到天黑才会散去。如《醉翁谈录》中提到的，"七夕，潘楼前买卖乞巧物。自七月一日，车马嗔咽，至七夕前三日，车马不通行，相次壅遏，不复得出，至夜方散"。

2. 磨喝乐是宋朝最流行的泥娃娃，是一种用土制的人偶，造型多种多样，栩栩如生。无论是皇室贵族还是寻常百姓，都会在七夕当天购买磨喝乐，供奉牛郎织女。因这种玩偶风靡一时，名家制作的甚至能卖出数千文钱。《东京梦华录》记载："七月七夕，潘楼街东宋门外瓦子、州西梁门外瓦子，北门外、南朱雀门外街及马行街内，皆卖磨喝乐，乃小塑土偶耳。"

3. "种生"是古代七夕的风俗，如《东京梦华录》载："又以菉豆、小豆、小麦于磁器内以水浸之，生芽数寸，以红蓝彩缕束之，谓之'种生'。"

与爱情无关，今夜只属于女孩们的狂欢

李夫人有几房亲戚最近在汴京做客，她心情好，就把大家都叫来家里吃饭了，亲戚家的几个表姐妹正好可以给李小娘子做伴，晚上一起乞巧。

往年李小娘子要么是去孙姑娘家过节，要么就是和她妈还有婢女们小范围热闹一下。在她相熟的那群朋友中，要数孙姑娘家的七夕最有氛围。孙姑娘家的亲戚大部分都住在汴京城内，一到节假日，表姐妹们就喜欢扎堆往她家跑。加上孙姑娘家有钱，节日都办得很有排面。

晚饭前，李姑娘焚香沐浴，换上了刚买的漂亮衣服。她到客厅的时候，客人们基本上都到了。她的几个姨母好久没见她，拉着她说了好久的话，一直夸她漂亮，夸得她都有些不好意思了。聊天的间隙，她看见客厅摆着她带回家的磨喝乐，还有米酒、糕饼、水果等。姨母和表妹们边吃边喝，有说有笑。

姑家的表姐问李小娘子："你今晚乞巧的蜘蛛准备好了么？"

"准备好了，你们呢?"

"也都准备好了。"

姨母家表妹对李小娘子说:"我第一次在汴京城过七夕，这儿的七夕好热闹，跟我们老家不太一样。"

"以后有机会常来玩。"

"好啊。我妈说上元节更热闹，到时候我来找你们一起赏灯。"

"没问题。"

姑娘们聊得很投机，欢声笑语不断。

李小娘子有点饿了，迟迟没见要开饭的迹象。她忍不住拿了个果子吃，结果没吃几口，婢女就来通知开饭了。

李夫人招呼客人们到了餐厅。菜一一上来，李小娘子感叹，今年七夕她爸妈真是下了血本了，端上来的无一不是大菜。这也是有亲戚在家吃饭的好处，她爸要面子，一有外人在就讲究排面。去年她都没见什么好吃的，纯靠各种小吃来撑肚子。

宴席如此丰富，客人感受到了主人家的热情，吃得都很开心。李小娘子心情很美妙，和表姐妹小酌了几杯。没过多久，姑娘们都有点上头了，但是很开心。适当的酒精刺激了她们的表达欲，大家聊得更嗨了。

按照七夕习俗，饭后李小娘子和表姐妹们互相赠送了糕点。她一伸手，表姐看她指甲涂了粉嫩的红色，问:"这是哪家买的花汁，颜色真好看。"

李小娘子得意:"不是买的，前阵子和闺密去郊外采了凤仙花，捣碎了自己做的。"

"真好看，颜色太自然了!"表妹赞不绝口。

"我房间还剩了不少花汁呢，要不我帮你们涂点? 有兴趣么?"

"当然有!"

姑娘们笑着,打闹着,嘻嘻哈哈去房间涂指甲了。李夫人则盯着下人在院子里搭彩楼,给姑娘们乞巧用。她吩咐婢女把磨喝乐和花瓜、酒炙、笔砚、针线等物件一起搬到院子里,再把拜织女用的香案也搬出来。

院子里忙得热火朝天,李小娘子的闺房里也没闲着。姑娘们互相染指甲,有说有笑,热闹得很。她们补了妆,抹了香膏,戴了最好看的头饰,上上下下照了十几遍镜子,确保自己真的很好才出门。

长辈们已经把彩楼和香案准备好了,小辈姑娘们纷纷拿出平日里做的绣活,摆在桌案上陈列。李小娘子绣工一般,她放的那条手绢是在她妈的监督下反复绣了好久的,期间还扎了好几次手。跟表姐妹们精致的香囊、荷包等绣品比起来,她的着实有些逊色,怪不好意思的。

不一会儿,月亮出来了,在长辈们的催促下,姑娘们纷纷上前,烧香叩拜织女,完成了乞巧的第一个仪式。烧完香,她们接过婢女递来的针线,在月亮下穿针。这是自古流传的习俗,谁穿针快,代表她有一双巧手。当然,月下穿针这一环节李小娘子从不抱期望,就她那点手艺,能把线穿进针眼就已经很不错了,速度什么的,那是奢望。

和李小娘子预想的一样,表姐妹们早就完成任务了,只有她忙活许久,最后还是在婢女的帮助下才完成了穿针的活。唉,她好像又丢人了……

忙完这一切,大家总算闲了下来,李小娘子尴尬的穿针局面也被时间化解了。她整理好心情,和姑娘们围坐在彩楼边,喝酒赏月,吟诗对词。

差不多到了午夜,狂欢会接近尾声。长辈们取出早已准备好的蜘蛛，交给了各自的女儿。晚上睡觉前，姑娘们要把蜘蛛装在一个精致的小盒子里。明天早上起来，谁的蜘蛛织出的网是圆形的或者端正的形状，代表谁"得巧"了，这也是乞巧仪式的目的。

得不得巧的，李小娘子也不怎么在意，她只要学会自己感兴趣的技能就行了。

📖 小知识

1. 宋代女子会在七夕这一天互相赠送红鸡、果食、时新果品等。此外，当时还流行用捣碎的凤仙花汁涂指甲，有诗云："七月七日侵晓妆，牛郎庙中烧股香。君不见东家女儿结束工，染得指甲如花红。斜簪茉莉作幡胜，鬓影过处绕香风。"

2. 关于七夕乞巧风俗，《东京梦华录》记载，北宋人"至初六日、七日晚，贵家多结彩楼于庭，谓之'乞巧楼'。铺陈'磨喝乐'、花瓜、酒炙、笔砚、针线，或儿童裁诗，女郎呈巧，焚香列拜，谓之'乞巧'"。

3. 七夕晚上，妇女们会在月下穿针引线。她们还会捉来活的蜘蛛，放在精致的小盒子里，第二天早上再打开。谁的蜘蛛若是结成了密密的圆形蛛网或者非常端正的网，就意味着"得巧"了。

习

字

篇

战人
斗古
100天

一

孙姑娘今天心情不太好，因为她接连被她两个哥哥嘲笑了，说她字写得不好看。

事情的起因是这样的，孙姑娘她爸请回家的教书先生给他们兄妹三人布置了诗词作业。作业批改完，先生评价孙姑娘的词写得还凑合，就是这个字不太凑合，需要加强练习。被先生这么一说，孙姑娘尴尬极了，偏偏她两个哥哥不给面子，挨个"欣赏"了她的作品，一边欣赏还一边点评，脸上的戏谑都快溢出来了。孙姑娘很生气，她知道自己的字写得一般，但他们也没必要这么不给面子吧！

下了课，孙姑娘把自己关在房间生闷气。结果没过多久，婢女来喊她了，说是她爸叫她过去一趟。她爸一向疼她，她本来想顺便告个状，说哥哥们欺负她。谁知，她爸把她叫去的目的是批评教育，说她好歹是个知书达理的大家闺秀，字写得太丑，太不像话……

孙姑娘欲哭无泪。她的字只是不好看而已，哪里丑了！用得着一个个都来取笑她么！不过她的反抗无效，她爸说了，让她接下来半个月哪里都不许去，在家好好练字，什么时候先生说她的字过关了，什么时候才能出门。

于是，孙姑娘的"禁足"生活就这么开始了。她爸还给她送了一堆供临摹的名家字帖，有颜真卿的《多宝塔碑》、柳公权的《神策军碑》、张旭的《古诗四帖》等。面对这一堆字帖，孙姑娘脑子都快炸了，她能把字写工整已经很不错了，她爸还指望她临摹书法？简直是开时代大玩笑……

　　就这么郁闷了半天，孙姑娘忽然想起，李小娘子字写得特别好，朋友圈中有口皆碑。与其让她枯燥地对着一堆字帖临摹，不如让闺密来一趟，手把手教她！说不定她能快速学成，狠狠打她哥的脸！

　　打定主意，孙姑娘拿出一张花笺给李小娘子写了封信。她自己看了一遍信上的字，摇头叹气。说实话，这字确实挺不雅观的，跟她如花似玉的脸不太配。

　　李小娘子家住得不远，信送出不到两个小时，李小娘子就到了。孙姑娘看到了救星，两眼放光，扑过去抱着闺密诉苦："你总算来了，我该怎么办，你快帮帮我。我爸这是要整死我啊！"

　　"没你说的那么严重，不就是练个字嘛。"李小娘子在信里大概知道是怎么回事了。只是她没想过，习字对她来说不难，对孙姑娘来说就是一种折磨了。就好比让她去投壶一样，谁苦谁知道。

　　李小娘子打开了随身带的行囊，把里面的东西一一取出。除了她的个人用品，还有几本字帖和几支毛笔。孙姑娘一看就明白了，李小娘子这架势，看来今晚是要住在这里。

　　果不其然，李小娘子说："再过几个小时天就要黑了，我今晚就不回去了，专心陪着你习字。"

　　"呜呜呜还是你好，我爸训了我，我两个哥哥非但不帮我说话，还笑话我。"

　　"所以你更应该努力把字练好啊，不然以后他们得经常笑话你。"

　　孙姑娘叹了口气："唉！你说得对。那我们开始吧。"

　　李小娘子选了其中一支毛笔递给孙姑娘："这支羊毫笔是我专门用来练字的，比一般毛笔重一些，能锻炼手腕力量。"

　　孙姑娘掂量了几下，手感还不错，但她知道用起来肯定会比普通毛笔费劲。她走到书桌边，很自觉地开始研墨。她手边放着的，除了笔墨纸砚，就是她爸给的那堆字帖。

李小娘子拿起那些字帖翻了翻，忍不住笑："这些书法家的作品对你来说难度有点大，你还是先写好楷书吧，适合女孩子。"说着，李小娘子把她自己带来的一本字帖递给孙姑娘。孙姑娘一看，是卫夫人的《名姬帖》。

"卫夫人是女子，她的簪花小楷古朴自然，很适合女孩子临摹。而且她是王羲之的书法老师，千古第一女书法家。你把她的《名姬帖》临摹好了，你爸肯定不会再说什么了。"

孙姑娘不太相信："真的?"

"你爸给你这么多字帖，不是真要你全部学会，而是希望你的字能好看些。"李小娘子随手举起一本字帖，揶揄她，"以你现在的基础，要学写草圣张旭的字，那不是痴人说梦吗！没个七八年你能写出这样的字，那是见鬼了……"

连着被父亲和两个哥哥打击之后，现在又迎来了闺密的吐槽，孙姑娘突然好想大哭一场。可她不得不承认，李小娘子说得很有道理，她爸给她的那些字帖她是不可能在十五天内学好的。唯一的办法就是像李小娘子说的那样，先把难度系数低一些的簪花小楷学好再说。

婢女拿了泡茶工具来，李小娘子在一旁碾茶叶、点茶、喝茶，悠然从容。孙姑娘临摹了半天字帖，手腕又酸又疼，叫苦连天。她想偷个懒，刚把笔放下，李小娘子瞥了她一眼，她又默默拿起笔，继续生无可恋地写字。

她问李小娘子："你会写几种字体啊?"李小娘子从小跟着她爸习字，书法造诣在同龄人中属于佼佼者。平时她们书信往来，李小娘子写小楷居多，她竟然不太清楚闺密会写几种字。

　　李小娘子随口回答："也没几种，我都是挑自己喜欢的学。"

　　"我想看看，你来写几个。"孙姑娘把毛笔递给她。

　　李小娘子喝完杯中茶，随手写了几个字。孙姑娘认出了，这是王羲之《兰亭序》中的一句话。《兰亭序》被当朝书法家米芾称为"天下第一行书"，真迹早已失传，传说是被唐太宗带入陵墓殉葬了。李小娘子写的，应该是前朝书法家临摹的版本。

　　而李小娘子接下来写的，孙姑娘就更眼熟了，正是她书桌字帖之一，草圣张旭的《古诗四帖》。她万万没想到，闺密居然会写狂草，还写得这么好！

　　"啊啊啊，亲爱的你太厉害了！我什么时候才能写出你这么一手字！"孙姑娘激动。

　　"你也不看我练了多少年了，从小没少挨我爸打。"

　　"你再写几个我看看。"

　　李小娘子又提笔写下一行字。这一次孙姑娘完全没认出来，眯着眼打量很久。

　　"猜不出来了，这是？"

　　"是蔡邕的《熹平石经》。实不相瞒，我最喜欢的还是蔡邕的字。不过我写得不怎么样，我哥临摹蔡邕书法才是一绝呢。"

　　听李小娘子提到李郎，孙姑娘脸一红。心想，她的心上人书法这么好，她却是个渣渣，不合适……为了能和他比肩而立，她得更努力才是！

　　于是，孙姑娘不再废话，老老实实继续练字了。

📖 小知识

1. 卫夫人是王羲之的启蒙老师，也是中国第一位女书法家，据传她师承于三国时期著名书法家钟繇。卫夫人擅写楷书，作品有《名姬帖》《卫氏和南帖》等。关于卫夫人的师承，《法书要录》记载："蔡邕受于神人，而传与崔瑗及女文姬，文姬传之钟繇，钟繇传之卫夫人，卫夫人传之王羲之，王羲之传之王献之。"

2. 唐代书法家张旭擅长狂草，因其狂逸的书法特点，被世人称为"草圣"，和另一狂草书法家怀素齐名，并称"颠张醉素"。其代表作是《古诗四帖》和《肚痛帖》。

3. 《兰亭序》是书圣王羲之的作品，文中记录了他和友人兰亭聚会游玩之事，北宋书法家米芾称其为"天下第一行书"。唐太宗李世民尤爱王羲之的墨宝，书法界传闻，《兰亭序》的真迹就在太宗的陵寝中，后世所见的版本，均为历代书法家临摹作品。

4. 蔡邕，东汉著名书法家，才女蔡文姬之父。据传，汉灵帝派蔡邕将儒家七经刻在石碑上，历时八年才完成，即《熹平石经》。蔡邕的石刻完成后，曾轰动一时，临摹者络绎不绝。《熹平石经》也是中国刻于石碑上最早的官定儒家经本。

双

陆

篇

一

李小娘子原计划在孙姑娘家住一晚上，简单指点一下她习字的技巧，第二天一早回家。她没想到的是，孙姑娘在文墨方面的确缺根筋，她费了好大的劲，甚至手把手教了几次，孙姑娘的字才小有起色。等她回到家，已经是三天以后了。

孙姑娘感激闺密雪中送炭，专程派马车把她送到了家门口。她一下车，看见堂哥的马车停在旁边的巷子里。听她的婢女说，李郎本来是想来找她讨论棋局的，谁知她不在家。正好李老爷今天闲着，见侄子来了，就拉着他打双陆。

婢女问李小娘子："双陆难么？我之前跟你去太平楼吃饭，看见客人玩过几次，貌似有点复杂啊。"

"不太难，不过我玩得也不好。"李小娘子说，"规则比围棋多。"

双陆不比围棋和象棋，游戏规则相对复杂。李小娘子身边的朋友，但凡弈棋能力强的人，双陆玩得都不怎么样。唯独她的堂哥李郎是个例外，他玩什么棋都游刃有余。早年间，李小娘子围观过李郎跟人玩双陆，手法精准，十局九胜。只是她不知道，原来她爸也爱玩这个。她得去好好瞧瞧。

李郎见李小娘子来了，邀请她观战。

李小娘子瞄了一眼，只见黑白子各十五枚，位置错乱，棋盘旁还放着两枚骰子，也不知现在到底谁领先一步。按照游戏规则，黑白双方轮流掷骰子，黑棋自上左向右，然后向下右向左，白棋自下左向右，然后向上右向左，期间双方还得互相博弈，吃对方的棋子，先到终点的一方赢。

李小娘子一头雾水，摇头叹气："又要用骰子，又要用脑子，这游戏太刁钻了，得实力和运气并存才能赢。"

对于李小娘子的评价，她爸哈哈大笑："你不是一向自诩脑子好么，怎么让你打双陆就不行了？"

"因为我不喜欢赌运气啊。你们可能不知道，市井中有不少研究双陆的人，其中不乏高手，他们是靠这个来赌钱的，很多赌坊现在都有开双陆局。"

李老爷纳闷："你怎么知道的？难不成你还去赌过？"

李小娘子知道自己说错话了，赶紧闭嘴。平日里，她和孙姑娘无趣的时候，会抽空去赌坊小玩几把，不过玩的不是双陆。

还好李郎为李小娘子解了围，他说："叔叔你太小瞧妹妹了，妹妹学识渊博，过目不忘，她知道的东西可不少。双陆她不太会玩，但是关于双陆的典故她能说出一堆。"

李小娘子拼命点头，赶紧接过李郎的话给他爸洗脑："你要对你的女儿有信心，我读史书多，对双陆还是很熟悉的。双陆在前朝贵族阶层那可是风靡一时，比如说，女皇帝武则天就是个双陆高手，还有唐中宗的韦皇后，她也喜欢打双陆。"

武则天晚年时期，对于把皇位传给李姓一族还是武姓一族这个问题，很是纠结。于是她召见了狄仁杰，问他："我最近总是梦见我双陆输了，这是为啥？"狄仁杰猜到了她的意思，说："双陆输了，代表无子，这是上天给陛下的警示啊！"然后顺着打双陆的话题，狄仁杰说服了武则天把皇位传给儿子，也就是李姓一族。

听李小娘子说完这个历史典故，李老爷颇为欣慰，他女儿毕竟是汴京城小有名气的才女，历史典故什么的，那还不是信手拈来么。

心情一好，他就把疑心李小娘子是不是去赌过钱的事抛到了九霄云外，又问她："这一局双陆，你觉得我们俩谁会赢？"

李小娘子仔细看双陆盘，摇头："不知道。我水平有限，单看这牌局表面，还真看不出来。要是孙姑娘在就好了，她打双陆是我们圈中翘楚，屡战屡胜。我想，她肯定能一看就看出其中玄机。"

"她会打双陆？没听她哥提过啊。"李郎觉得奇怪。他认识孙姑娘的两个哥哥，他们对此一窍不通，怎么妹妹就如此厉害？

李小娘子没好意思说孙姑娘是在赌坊学会的，毕竟孙姑娘暗恋她哥，她得在她哥面前给闺密留点面子。于是她随口胡诌："去酒楼吃饭的时候学的，酒楼玩这个的人很多。"

"原来如此。"

汴京城中稍大一点的酒楼基本都设有双陆棋盘，客人在酒楼宴饮或候餐的时候，都会玩上几局。先前李郎在太平楼吃饭，也经常跟赵公子打双陆，所以他压根没怀疑李小娘子说的话。

李老爷让女儿盲猜，押谁输谁赢。李小娘子给她爸面子，押她爸赢，尽管她内心坚定地认为她哥的技术更棒。其实李郎和李老爷技术都不错，不相上下。两人僵持了一会儿，最终李郎险胜一步。

"哥，厉害厉害！我都没看清楚，你的子就走到尽头了。"李小娘子感叹。

李郎说："孙姑娘最近干吗？既然你说她是打双陆的翘楚，我倒是想跟她玩一盘。"

"别提了，她字写得不太好，正被她爸关禁闭习字呢。等她解禁了我约她。"

"好。"

聊了会儿，李小娘子给他们泡茶。三人喝了半天茶，吃完中饭李郎才离开。临走时他告诉李小娘子，他今天来找她还有一件事，赵公子约他们两天后去秋游，让她做好准备。

听到秋游二字，李小娘子后知后觉意识到，时间过得真快，中秋节就快到了。

📖 小知识

1. 玩双陆需要用到两个骰子，一个骰子有六个面，两个骰子就是双六，"六"通"陆"，这就是双陆游戏名字的由来。宋代洪遵在《谱双》提到，双陆有四名，"曰握槊、曰长行、曰波罗塞戏、曰双陆，盖始于西竺，流于曹魏，盛于梁、陈、魏、齐、隋、唐之间"。

2. 双陆在唐代有着不一般的影响力，当时很多文学艺术作品中都能见到双陆的影子，如唐代画家周昉的《内人双陆图》描绘了贵族妇女下双陆棋的画面，这幅画现被收藏于美国弗利尔美术馆。

3. 武则天是双陆资深爱好者，《新唐书·狄仁杰传》中记载了她和狄仁杰关于"梦见双陆输了"的故事；唐中宗的韦皇后也深谙此道，《旧唐书·后妃传》记载了她和武三思打双陆的事。

4. 双陆在隋唐时期只在贵族阶层流行，到了宋朝，由于民间娱乐方式逐渐多样化，双陆在市井中也慢慢流行开来。汴京很多酒楼都设有双陆棋盘，供客人们消遣玩耍。

5. 宋朝流行各种棋牌类游戏，据记载，双陆在那时也会被用于赌博，因此有不少人专门研究双陆，借此获利。

饮

酒

篇

秋高气爽，李小娘子和她表姐开开心心坐马车去郊外秋游。除了她们姐妹俩，参加这次秋游活动的还有李郎、赵公子，以及赵公子的小表妹。

李小娘子已经很久没出过汴京城了，她和孙姑娘虽然比一般闺中女子爱玩，但活动范围仅限于城内，尤其是京城最繁华的商圈潘楼街。而这一次秋游，他们不仅出了城，还准备在外面过夜。前些天李郎就跟她说过行程安排：下午去半山看瀑布赏红叶，晚上在附近住一宿，第二天吃完午饭回家。

至于为什么要留宿外面，那是因为他们郊游的地点是汴京城附近的一座名山，坐马车回家得半天路程。为了有充分的时间赏景，唯一的办法就是夜宿山脚下的小镇。

山上风景绝美，枫叶全都红了，远远望去红色和黄色交织，明亮又艳丽。大家玩了一天，很开心却也很累。等他们带着一身疲惫抵达住宿的客栈，太阳已经落山了。他们住的这个地方虽说是个小镇，但十分繁华，大概是因为依托京城的缘故。

李郎一开始说今晚住这儿的时候，李小娘子还有点担心，镇上的客栈住宿条件会不会不好。直到踏进客栈，李小娘子着实意外了。这里虽然比不上汴京城的大酒楼，但服务十分周到，该提供给客人的物件应有尽有。客栈周围还有一圈卖酒的铺子，灯火通明，生意异常火爆。

李小娘子知道，那些零售酒的铺子，就是她之前总听人提起的

（北宋）屈鼎《夏山图卷》

"脚店"。按照宋朝的榷酒制，正店才有酿酒权，脚店只能从正店批发酒出来卖。她猜测，这个镇上卖酒的铺子，应该都是从汴京城里批发来的酒。毕竟离得近，运输成本低。

一行人安顿好，陆续下楼，准备点菜吃饭。玩了一整天，大家都饿坏了。李小娘子是第一个下楼的，李郎看她坐在窗边看外面的酒铺，以为她是馋酒了，他这个妹妹最大的爱好是写诗作词，而每次写作前总喜欢小酌一杯。

李郎问："想不想来一壶，我们喝点？"

"就我们俩喝？"

赵公子接话："我也喝点。"

坐在一旁的另外两个女孩——赵公子的表妹和李小娘子的表姐，也都纷纷表示想喝。于是，两位男士出门买酒，姑娘们坐着聊，商量一会儿玩什么酒令游戏。

等到男士们买酒回来，李小娘子惊了，他们竟然在店家的帮助下搬回了七八个酒壶，每个酒壶大概一斤的量。

"客官慢点喝，喝完把酒壶给我送回来就行。不够再来买哦。"店家很热心，打过招呼就回去继续卖酒了。

李小娘子一看酒壶上贴的字，有羊羔酒、红曲酒、荔枝酒、黄柑酒、流霞酒、碧光酒……她问李郎："怎么买这么多？"

"你平时都在叔叔婶婶的看管下，难得出来一次，还不得喝个够啊。"李郎拿起其中那壶羊羔酒，打开塞子，给李小娘子满上。他一边倒酒一边说："我记得你喜欢喝羊羔酒。这个镇子上的酒都是从汴京城的正店运出来的，味道和你平时喝的一样，你肯定喜欢。"

李家表姐提议："干喝酒没意思，我们来猜枚吧！"

大家一致同意。

猜枚是酒令中比较简单的一种，把瓜子、莲子、棋子等藏在手心，让人猜单双数或者颜色，猜错了就得喝酒。

李小娘子问店家要了一把瓜子，她先藏瓜子，其他人猜。赵公子和李家表姐没猜对，各喝了一杯。赵公子喝的是当下汴京城最流行的流霞酒，出自高阳店。高阳店酿酒闻名汴京，价格自然也不便宜。喝完，赵公子对流霞酒赞不绝口，推荐李小娘子一会儿也试试。

第二轮和第三轮游戏，李小娘子都输了，她分别喝了羊羔酒和流霞酒，觉得流霞酒确实更好喝。不过她喝惯了羊羔酒，对这种味道已经有了依赖。

玩了一圈猜枚，李郎提议换个玩法，试试最近比较流行的"九射格"。这个游戏跟投壶有异曲同工之妙，考验的是六艺中的"射"。李小娘子是个投壶渣渣，玩九射格自然好不到哪去。又一圈游戏下来，她差不多把李郎买回来的酒都喝了个遍。要不是她酒量好，估计已经趴下了。

赵家表妹酒量最差，饭还没吃几口就开始犯晕乎了，李家表姐只好扶她上楼先休息。

李小娘子还没尽兴，让表姐安顿好赵家表妹赶紧下来接着玩。接下来两个小时，他们玩了藏钩、射覆等各种酒令游戏，直到月亮升起，依然舍不得散场。马上就是中秋节了，月亮接近正圆，在这郊外的小镇看月亮别有一番滋味。

这次跟李郎他们出来郊游，李小娘子看到了飞瀑流云、漫山红叶，听到了泉水涓涓、深山鸟鸣，还感受到了在镇上小酒馆喝酒的恣意和自由，她心情豁然开朗，即兴写了两首词。

直到客栈打烊，他们才带着醉意回房睡觉。

📖 小知识

1. 宋朝饮酒文化兴盛跟当时实行的榷酒制有密切关系，榷酒制涉及酿酒权、酒水和酒曲买卖权、酒税等。这类对酿酒行业进行专卖的制度为宋朝政府带来了大量的酒税收入，也促进了民营酒业的蓬勃发展。《清明上河图》中就绘有不少大型酒楼、小型酒肆，以及百姓卖酒饮酒的热闹画面。

2. 《东京梦华录》中提到的正店和脚店都是宋朝酒楼文化发展的产物，其中"正店"有酿酒权，"脚店"没有酿酒权，只能从正店批发酒用以零售。

3. 酒文化的盛行推动了酿酒技术的发展，因此，宋朝酒的种类也达到了新高。上文提到的羊羔酒、红曲酒、荔枝酒、黄柑酒、流霞酒、碧光酒等，都是当时有名的品种。此外，宋朝还有专门对酒分门别类的书籍，如《酒名记》。据史料记载，宋朝名酒品种有280种之多。

4. 宋朝酒令游戏多，猜枚是其中比较简单的一种，在《水浒传》中出现过。唐朝比较流行的酒令游戏有藏钩、射覆等。

5. "九射格"也是宋朝酒令游戏的一种，创造者是当时著名的文学家欧阳修。九射格考验的是六艺中的"射"，玩法跟投壶类似。道具是一个画有老虎、熊等各种动物的靶子，每种动物都对应饮酒的数量，玩游戏的人根据自己射中的动物喝酒。

蹴

鞠

篇

中秋节前四天，阳光明媚，秋风和煦，李小娘子在婢女的陪同下出门了。她答应了赵家表妹，今天下午陪她一起去看蹴鞠比赛。

赵公子、赵家表哥、李郎，还有其他几个相熟的男性友人都是汴京某球社的队员，平日里他们闲来无事会去蹴鞠。而每年中秋节前后，汴京的几个球社会举行联谊赛。既然是联谊赛，那当然需要啦啦队……

李小娘子不懂蹴鞠，但赵家表妹睁着水灵灵的大眼睛央求她，务必要去给她的哥哥们加油啊！李小娘子不忍心拒绝，想着她最近都在家"瘫"着，时间多的是，于是答应了。

李小娘子刚走到大门口，还没上车，孙姑娘的信笺又送到了。自从被关禁闭，孙姑娘几乎每天写小纸条跟李小娘子吐槽，李小娘子都习以为常了。她打开信笺一看，孙姑娘说她最近练字小有成果，她爸很开心，不过又提了新的要求，她正一脸蒙，希望汴京好闺密李小娘子能去陪她共渡难关。

李小娘子很为难，站在马车前犹豫不决。李老爷刚外出回来，见她皱着眉头，问是怎么回事。李小娘子如实相告。

李老爷说："朋友的事就是自己的事，确实应该帮忙。但你答应赵家表妹在先，'信'字为大，还是去看蹴鞠比赛吧，明天再去陪孙姑娘。"

李小娘子觉得她爸说得对。她已经答应了赵家表妹，却没答应孙姑娘，凡事得讲信用。再说了，她不能让孙姑娘太依赖别人，得学会自己处理事情。

想通之后，李小娘子果断踏上马车，去了球场。临走前，她让婢女替她跑一趟孙家，把情况跟孙姑娘说清楚，免得她等着急了。

球场就在城内，离李小娘子家不远。她到的时候，赵家表妹还没来，不过球社的队员们已经在热身了。李郎远远看见了李小娘子，跑过来找她说话。

"你怎么来了？我记得你不懂蹴鞠。"

"是不懂，陪赵表妹来看热闹，给你们加油助力。我是不是很善良？"

李郎大笑。兄妹俩聊了一小会儿，他的队员深情地呼唤他赶紧归队，要商量比赛事宜了。

赵家表妹姗姗来迟，拉着李小娘子找了个位置坐下，准备观赛。

"姐姐你真好，听我哥说你不太懂蹴鞠，却还是愿意陪我来。"赵家表妹很贴心，"既然这样，我给你简单说一下蹴鞠是怎么回事吧，方便你一会儿看比赛。"

赵家表妹很认真地给李小娘子"科普"："很久以前，蹴鞠还不叫蹴鞠，叫蹋鞠，这个运动大概是在战国时期广为盛行，但是直到西汉才有'蹴鞠'这一叫法。蹴鞠的'鞠'字是实心球的意思，因为古时候的鞠是实心的，在皮革里面填满动物毛发，缝合成球状。到了我们这个朝代，'鞠'的变化很大，大多数是用动物膀胱做的，里面也不充毛发，而是充气。"

"蹴鞠的玩法有两种，一种叫白打，一种叫筑球。这两种玩法的最大区别就是，白打是没有球门的，筑球的球场中间会设一个三丈高的球门。"

李小娘子不解："有球门的玩法我了解，跟马球差不多，以进球为评判标准。没有球门的，怎么评定输赢？"

"有裁判啊。两边队员在场地范围内各自展现球技，表演一些高难度动作，比如拐、搭、控、捺、拽等，裁判在场外负责打分。动作更标准、难度系数更高的一队，得分就更高。"

听赵家表妹这么一介绍，李小娘子大概明白了。她有马球基础，球类运动都有共通之处，无非就是力求动作行云流水，进球快狠准。

这时候，场上裁判吆喝声一响，第一轮比赛开始了。裁判宣布，这次联谊赛以筑球为主，三局两胜。在筑球之前会有一场"白打"热身赛。

两边队员有序进场，他们分别扎着红色和蓝色的头巾。李郎和

（明）商喜《明宣宗行乐图》（局部）

赵公子他们在红队，不过蓝队也有几个李小娘子认识的队员，她朋友张小姐的哥哥就在蓝队。

"白打"以观赏性为主，所以很能博人眼球。红蓝两队各派了六个队员出战，每个人都使出了浑身解数，恨不得把这辈子所学都表演一遍，其中还有一个队员不小心扭伤了脚，下场换了个人。不过这个小插曲并不影响比赛的精彩。

场外欢呼声不断，很多小姐姐甚至摇着手绢尖叫。李小娘子觉得，蹴鞠比赛比她想象中要精彩多了。

热身赛结束，正儿八经的筑球比赛开始了。由于筑球比较侧重竞技，跟白打相比更加紧张刺激，赵家表妹全程抓紧了手绢，手心开始冒汗，就连李小娘子一个不懂蹴鞠的人都把心提到了嗓子眼。

场上赛况越来越刺激，场下欢呼声越来越强，两队势均力敌，比分始终控制在很小的差距范围内。最终，李郎和赵公子没有辜负妹妹们的期待，不仅他们所在的红队赢得了比赛，他们也帮本队得了不少分。

赵家表妹看李小娘子看得很起劲，心想她应该也是喜欢看蹴鞠的，便约她中秋后继续来看比赛。李小娘子欣然应允。

📖 小知识

1. 汉朝以前，蹴鞠叫"蹋鞠"。"蹴鞠"这一叫法最早出现在《史记·扁鹊仓公列传》，书中记载，西汉时身为"安陵阪里公乘"的项处，因迷恋"蹴鞠"，虽患重病仍不遵医嘱继续外出蹴鞠，结果不治身亡。

2. 宋朝蹴鞠分"白打"和"筑球"两种比赛方式。"白打"不设球门，两边队员表演蹴鞠的各种动作技巧，由裁判打分定胜负。"筑球"设球门，输赢以进球多少为准。《东京梦华录》记载了筑球比赛的情况："左右军筑球，殿前旋立球门，约高三丈许，杂彩结络，留门一尺许。"

3. 蹴鞠在宋朝能那么快流行开来，不只是因为当时的经济发展，还因为统治阶层的鼓励。宋朝有好几个皇帝是蹴鞠爱好者，如宋太祖、宋太宗、宋徽宗等。朝中不少官员也是蹴鞠高手，后人熟知的如丁谓、高俅，高俅更是因为蹴鞠水平高超而得到了宋徽宗的赏识。

4. 北宋画家苏汉臣的《宋太祖蹴鞠图》描绘了宋太祖、宋太宗和大臣们蹴鞠的场景。原作已失传，现存的这一版本是元朝钱选的临摹品。

中秋篇

没有酒的节日是不完美的

　　今天，孙姑娘"双喜"临门。一是她半个月禁足期终于结束了，二是中秋节到了，她可以趁着节日出去好好玩一天，把这半个月想吃而没吃到的好吃的全都吃一遍！她哥为了庆祝她解除禁足，近半个月前就在樊楼订了个无敌观景包间，好让她开开心心赏月过节。

　　孙姑娘清早就外出了，她倒是没什么重要的事，作为一个半个月没出过门的人她单纯想逛逛街，吸一吸汴京城里热闹的空气。马车在街上慢慢走着，她掀起帘子随意看了几眼，发现街上大大小小的酒楼酒铺全部都在售卖新酿的酒。而那些大型酒楼，门口迎宾的彩楼也全都焕然一新，上面的旗子上写了一个大大的"酒"字 。买酒的客人们来来往往，人声鼎沸，看样子生意是极好的。

　　孙姑娘感叹："难怪说我朝人们爱喝酒，是真的爱喝啊！好像过什么节日都喝酒。"

　　婢女说："那可不，刚才我们经过的高阳店，还有会仙酒楼，挂着的酒旗都已经摘下来了。"

　　"为什么摘下来？"

　　"这是咱们汴京城酒楼业的风俗。中秋卖新酒，卖完就把旗子摘下，以便客人区分。"

孙姑娘一路观望，发现确实有几家酒楼门口没有挂酒旗，想必是因为生意好，酒早就卖完了。

马车行至朱雀门，孙姑娘看到两个熟悉的身影：李小娘子和李夫人。

"停车停车。"孙姑娘叫停马车，赶紧跑过去叫住李小娘子。

李小娘子转身，很惊喜："呀，亲爱的你居然出门了。"

孙姑娘不开心："最近你都不来看我！说好的同甘共苦呢？非但不来陪我练字，还在我禁足的时候去秋游，去看蹴鞠……"

说着说着，孙姑娘开始委屈。秋游，蹴鞠，那可都是她喜欢的活动。尤其是秋游，她都好几年没去汴京城外的地方秋游了。

李小娘子笑："你吃什么醋啊，活动又不是我组织的，而且我早就答应人家了，总不能言而无信吧。好啦，中秋后我再带你去看一次蹴鞠比赛还不行吗！"

听她这么说，孙姑娘心情才稍微好一点。她问："你们是出来买酒的？"

"酒我爸早就买好了，我们随便逛逛，顺便买点螃蟹和水果。"

孙姑娘看见李家的仆人手里果然拎着几袋螃蟹，还有石榴、葡萄、橘子等水果。每年中秋是螃蟹上市的季节，这时候的螃蟹最为肥美，孙姑娘看得馋了，让婢女也去买点。她邀请李小娘子："我哥晚上在樊楼订了观景包间，过节赏月，你和你哥一起来吧。"

李小娘子为难："可是我家今晚有宴会，我得帮我妈招呼客人。"说着，李小娘子看了李夫人一眼。每年中秋节他们家都会举办宴会，在汴京城内居住的亲戚会来她家过节。今天一大早她妈就张罗布置了，亭台楼阁都挂上了彩灯，院子里还搭了个赏月的台子。

李夫人看出李小娘子想去参加闺密的聚会，笑着说："没事，家里有我呢。你们年轻人去玩吧，少喝点酒，别醉醺醺回来就行。"

"遵命！一定不喝醉！"李小娘子很开心。

孙姑娘也很开心，早就把刚才的委屈抛到九霄云外去了，她朝李小娘子挤挤眼："那今晚必须来哦。我听说在樊楼的高层包间里，晚上能听到宫中传来的音乐声呢。"

这一说法李小娘子也听说过。她没去过宫中，不知道宫里传来的音乐声会是什么样的，因此十分期待。

孙姑娘拉着李小娘子聊了会儿。几分钟后她婢女买螃蟹回来了，再加上街上人实在太多了，挤来挤去的不方便，她只好先跟李小娘子告别。

不过一会儿工夫，又有几家酒楼的酒旗被摘下来了。孙姑娘啧啧称赞，果然啊，对汴京人来说，没有酒的节日是不完美的。

📖 小知识

1. 中秋以前叫"仲秋"，最早出现于《周礼》，是由古人祭拜月亮的传统演变而来的。到了北宋，中秋节才被正式定为八月十五这一天。宋太宗把端午、中秋和元旦定为当时的三大节日。

2. 每年中秋汴京城的酒楼都会售卖新酿的酒，《东京梦华录》记载："中秋节前，诸店皆卖新酒，重新结络门面彩楼花头，画竿醉仙锦旆，市人争饮。至午未间，家家无酒，拽下望子。"

3. 中秋吃螃蟹的传统自古就有，因中秋时节螃蟹正好上市。如《东京梦华录》载："是时螯蟹新出。石榴、榅勃、梨、枣、栗、孛萄、弄色枨橘，皆新上市。"

年轻人的通宵狂欢，千年前就有了

　　李小娘子和李郎抵达潘楼街的时候，整条街已经沸反盈天了。天色暗下来，各大酒楼前挂着五颜六色的花灯，构成了街上最抢镜的风景线。看花灯的人、吃饭喝酒的人、逛夜市的人络绎不绝，摩肩接踵。李小娘子上一次见这么热闹的场景还是在端午节。

　　李郎说："前天我想订太平楼的包间都订不到，孙姑娘竟然能订到樊楼的包间，太不容易了。"

　　"前天订就太迟了，汴京人有中秋外出赏月的传统，特别是年轻人，都喜欢去酒楼聚会呢。我听孙姑娘说，她哥半个月前就预订了樊楼。"

　　"怪不得。那明年我也得提前订才是。"

　　二人说着话，在人流中走进了樊楼。小二看见客人进门，热情地迎接他们，带他们去了孙家订的包间。孙姑娘和她的两个哥哥都在，他们正在看菜单点菜。李家兄妹一进来，他们赶紧把菜单递过去，问他们想吃什么。

　　李小娘子点了上次想吃但是没吃到的汤骨头和姜虾，并叮嘱，一定要有螃蟹。

孙姑娘笑着说："放心，我第一个点的菜就是螃蟹！中秋怎么能不吃螃蟹呢！"

她一说螃蟹，她二哥就抢答："幸亏我一早就预订了螃蟹。你们都不知道，中秋节樊楼的螃蟹有多畅销，简直供不应求。"

"没事，我白天逛街的时候买过螃蟹了，大不了回家吃。"

"不一样不一样，这里的螃蟹比街市上卖的至少大一倍，蟹黄肥美得很。当然，价格也贵了不少。"

大家一边聊天一边赏景。他们的包间在三楼，东边和南边的墙都开了大窗户，一眼能看见整条街的花灯和熙熙攘攘的人群，还能听见附近瓦肆传来的乐曲声。

潘楼街一带有很多瓦肆，中秋节晚上的节目比平日里丰富，因此一票难求。很多年轻人会在这个时候跟朋友们出来看表演，甚至有不少人会看通宵场。

孙姑娘听到曲声，分辨出了那是她喜欢的一出戏剧。她问李小娘子："吃完饭我们要不要去看节目？"

李小娘子还没说话，孙家大哥就打断了妹妹："怕是你想看都看不了。稍微大一点的勾栏，中秋场根本买不到票，至少得提前三四天。你应该早说的。"

孙姑娘很遗憾。李小娘子说："没事，我觉得在这里喝酒赏月就挺好。这儿应该是樊楼视野最好的包间之一了，良辰美景不能浪费。"

李郎附和："不错，我们可以来几壶美酒，对饮吟诗，赏灯赏月。"

李郎这话，孙姑娘觉得很有道理，尽管她吟诗作词的能力很一般。

酒菜陆续端了上来，李小娘子一看那托盘中的大螃蟹，吃了一惊。孙二哥说的不错，这樊楼卖的螃蟹比她白天买回家的要大多了，一看就很肥美。孙姑娘拿了一只给她，拿了一只给李郎，让他们趁热吃。

李小娘子点了上次喝过的流霞酒，大家一边喝酒一边吃螃蟹，十分惬意。他们吃到一半的时候，外面的乐曲声和鼓声越来越大，依稀能听出是从宫廷的方向传来的。

"哇，原来传闻是真的，中秋夜在樊楼的高层包间真的能听到宫里的乐曲声。"孙姑娘感叹。

孙二哥不以为然："这个不一定是宫里传来的，也许是其他大户人家在搞中秋狂欢会呢。"

他说的不无可能。住在内城的权贵人家大多会在家里举办大型宴饮聚会，走在街上能听见丝竹声、鼓声、唱曲声……不绝于耳。

李小娘子家和孙姑娘家今晚都有活动，由她们的妈组织，不少亲戚会来他家里过节，焚香拜月，祈求一年事事顺遂。而她们的老爸都去参加宫里的宴会了。每年中秋宫里会举行盛大的宴会，六品以上官员都会去参加，君臣同乐，一起饮酒吃宫饼。

时间一分一秒过去，越晚街上的人反而越多。孩童们也都在这一天得到了最大的欢愉，家长允许他们出门找小伙伴，在弄堂里通宵玩耍嬉戏。所以听到楼底下有孩子们的叫声，大家也并不觉得奇怪，而且很羡慕——他们已经长大了，不能再像这些孩子们一样恣意地宣泄心中的快乐了。

酒过三巡，孙姑娘带着些许醉意说："我听说很多人晚上会在汴河放水灯，我也想去。"

孙大哥答应："好，我们带你去。"

"放完水灯我们去哪里玩？"

"放完水灯我该回家啦，"李小娘子说，"我答应我妈，十二点之前要回家的。今晚我们家后院有祭月仪式，我要陪我妈祈福。"

孙姑娘这才想起来，她爸也让她回家参加祭月仪式。中秋节本就来源于古人祭月的传统，因此大家都很重视焚香祭月。

为了能准时赶回家，吃完饭大家离开了樊楼。他们要去汴河放水灯、看画舫了。

📖 小知识

1. 中秋节在宋朝是非常重要的节日，无论是市井百姓还是王公贵族，都有各自过节的仪式。《梦粱录》记载："至如铺席之家，亦登小小月台，安排家宴，团圆子女，以酬佳节。虽陋巷贫窭之人，解衣市酒，勉强迎欢，不肯虚度。"民间尚且如此，宫里则会举行更盛大的宴会，六品以上官员都得出席。宴会上君臣会一起吃宫饼，也就是当时的月饼。

2. 宋人很重视中秋焚香拜月的仪式，如《醉翁谈录》："中秋，京师赏月之会，异于他郡。倾城人家子女，不以贫富，自能行至十二三，皆以成人之服饰之。登楼，或于中庭焚香拜月，各有所期。"

3. 吃月饼的风俗自古就有，不过那时候不叫月饼，宫里宴会上吃的叫宫饼，民间吃的叫小饼。苏轼在诗中曾写过，"小饼如嚼月，中有酥与饴。默品其滋味，相思泪沾巾"。

4. 放水灯也是宋人中秋的习俗之一，主要见于南宋时期杭州城。如《武林旧事》载："此夕浙江放'一点红'羊皮小水灯数十万盏，浮满水面，烂如繁星，有足观者。或谓此乃江神所喜，非徒事观美也。"

美妆篇

转人口100天

上午，李小娘子正在书房练字，她妈派人来喊她，说她客居汴京的表姨一家要回老家了，让她去接待一下，晚上给他们饯行。李小娘子收拾好笔墨，随婢女出门。

李小娘子的表姨家住江陵府，端午之后他们一家三口来了汴京，主要是为了把那位将在汴京读书参加科考的表弟安顿好。如今表弟安顿好了，读书学习也上了正轨，表姨和表妹自然也要回去了。汴京的房租和生活成本都不低，长期生活在这儿对他们来说有些压力。

到了客厅，李夫人和表姨正在闲话家常。表妹看见李小娘子来了，过来拉着她的手，满脸不舍。李夫人说晚上设家宴招待表姨一家，让李小娘子带表妹去逛逛街，买点礼物。

李小娘子从头到尾打量了表妹一遍，说："我先带你去化个妆吧，既然要出去逛街，当然得打扮得美美哒。"

表妹愉快点头。年轻女孩子天生就爱美，何况她刚一来汴京就觉得李小娘子的打扮很时尚，羡慕了好久。

到了闺房，李小娘子打开她的化妆箱，准备给表妹化妆。表妹一看，忍不住哇了一声。只见化妆箱里除了化妆镜和梳子，还有各种胭脂、眉笔、口红、染甲液、香水等，她第一次见这么豪华的化妆箱。她感叹："汴京女孩果然时尚，表姐你的化妆箱比我们江陵府姑娘的丰富多了。"

李小娘子很自豪："汴京美妆铺子很多，你要是喜欢，化完妆我带你上街买一套，就当是送你的告别礼物。"

"谢谢表姐，那我就不客气啦。"

"跟我客气什么，有空常来玩。我们先上妆吧。"李小娘子拿起粉底给表妹化底妆，完美的底妆可是精致妆容最重要的一步。

宋朝的女孩们都喜欢白白净净的妆容，她们常用的粉底是铅粉。其中最有名的铅粉产自广西桂州，又被称为桂粉。除此之外，还有用石膏、滑石、蚌粉等材料制作的粉底。粉底的作用就是让姑娘们看着白净，打造冰肌玉骨的天然美感。

表妹的皮肤本来就白，用粉底一修饰，更显得皮肤光滑细嫩。李小娘子很满意，不愧是大名鼎鼎的桂粉，价格比普通粉底贵一些也是值得的。

完成底妆，李小娘子从化妆箱中取出了一款适合表妹肤色的胭脂。她和孙姑娘平时就喜欢囤各种色号的胭脂，看心情和出席场合选色号。表妹皮肤比她更白，因此她选了个粉嫩的颜色。她取了一小点胭脂，放在手心轻轻晕开，均匀涂在了表妹的双颊。

表妹看见镜子里的自己白里透红，像朵娇艳欲滴的花儿，不由得羞涩："表姐你化妆水平真棒，把我化得太好看啦，我都不敢认自己了。"

"那是你本来长得就好看啊。"李小娘子说，"我朝女子喜欢化淡妆，突出天然美，你这妆容就很天然。"

"这倒是。我看很多古画上，前朝女孩们化妆都很浓，有的女孩甚至将胭脂涂满整个面颊。"

"那叫红妆，在唐朝可是很流行的。"一边说着，李小娘子一边拿出她的画眉套装，盯着表妹的眉毛思考。

表妹的眉毛浓而黑，李小娘子给她简单修了下，然后开始描眉。她准备给表妹画一个颇有风情的倒晕眉。

　　眉毛好不好看很影响整体妆容，因此，选什么眉笔尤为重要。

　　隋唐最流行的眉笔叫作"黛"，其中最为人熟知的就是产自波斯的螺子黛。在黛出现以前，古时的女子是用烧焦的柳枝描眉的。而宋朝的妹子们用的眉笔很奇特，是用墨石做的，叫画眉墨。无论是黛还是画眉墨，价格都不便宜，当时很多贫困人家的女孩子仍然会用烧焦的树枝或木炭来代替眉笔。

　　眉毛画完，基础面妆就差最后一步了，那就是唇妆。李小娘子不仅擅长化唇妆，而且会做口红。那时候的口红叫口脂，是用朱砂和

（宋）苏汉臣《妆靓仕女图》

蜂蜡做的。朱砂用量不同，做成的口脂色号就会不一样。李小娘子选了绯红色的口红，给表妹点了个樱桃唇。远远望去真的就像半熟的樱桃一样，我见犹怜。

李小娘子放下口红，越看越满意。没想到她不但能给自己化妆，还能把别人化这么好看。这技术，跟去年比又进步了不少啊！

李小娘子给了表妹一面手拿铜镜，让她近距离再看看，有没有什么不满意的地方。表妹当然是十分满意的，左看右看，怎么都觉得好看。她说："我觉得已经很好啦，谢谢表姐。下次你教我化妆吧，这妆容比我自己化的好看多了。"

"没问题。走吧，我们逛街去。既然你喜欢我的化妆品，那我就照着这个给你准备一份。回到江陵府，你也可以每天把自己打扮得美美的出去聚会。"

想到以后自己也能化出这么精致的妆容，表妹别提有多兴奋了。

临出门前，李小娘子不忘拿了孙姑娘送她的香水，给表妹喷了几下。那香水是从大食国进口的蔷薇水，价格贵不说，还不一定买得到。据说汴京城的香水铺子每次一到就会断货，十分畅销。

李小娘子用香水很频繁，家里只剩半瓶蔷薇水了，现在去街上不一定能买到同款。如果买不到，她只能退而求其次，购买汴京人自己制作的朱栾花水送给表妹。朱栾花水也是她喜欢的香水之一，她觉得香味比起蔷薇水，并不逊色。

姐妹俩都喷了香水，心情很好，香喷喷一起出去逛街了。

📖 小知识

1. 古人最早的粉底是用米做的，可惜米粉容易脱落，人们又与时俱进发明了铅粉，"洗尽铅华"一词中的"铅"指的就是铅粉。但是铅粉有毒，用久了气色不好。到了宋朝，出现了用石膏、滑石、蚌粉等制成的粉底。明朝时期，用紫茉莉种子制作的"珍珠粉"、用玉簪花苞制作的"玉簪粉"等风靡一时。

2. 唐朝女子喜爱浓妆，宋朝女子则喜欢素妆，不过遇到庄重的场合，她们也会用丰富的花钿贴面。宋朝皇后像中常见的珍珠贴面妆就是从花钿演变而来的。

3. 隋唐流行用黛画眉，宋朝女子多用画眉石。宋朝的《云麓漫钞》记载："前代妇人以黛画眉，故见于诗词，皆云：'眉黛远山。'今人不用黛而用墨。"而正文中提到的倒晕眉，是欧阳修《洛阳牡丹记》中记载的一种眉形。

4. 宋朝最流行的香水是从大食国进口的蔷薇水，这种香是从蔷薇花中提炼的，《铁围山丛谈》记载："异域蔷薇花气馨烈非常，故大食国蔷薇水虽贮琉璃缶中，蜡密封其外，然香犹透彻闻数十步，洒著人衣袂，经十数日不歇也。"

演出篇

李小娘子家今晚很热闹。因表姨一家明天要走，晚宴的餐食非常丰富，比起中秋节那天晚上，有过之而无不及。李小娘子的爸妈陪表姨聊天，李小娘子准备带着表妹出门看演出去。

她们白天在东郊楼街逛的时候，表妹被桑家瓦子门口贴的海报吸引了，上面写着晚上七点半有杂技表演。表妹停在海报前痴痴看了一会儿，很是羡慕。她的老家江陵府虽然也有零星几个瓦舍，但是节目表非常单一，除了说书就是弈棋，没有一个是她的"菜"，她也从来都没看过其他类型的演出。一想到明天就要离开繁华的汴京，她心里难免有些失落。

李小娘子看出表妹很想看杂技表演，嘴上没说什么，但偷偷让婢女去找孙姑娘，让她找她二哥帮忙订票。孙二哥是汴京城各大瓦舍的常客，他有办法买到位子最好的票。婢女去了一个多小时，回来后告诉李小娘子已经办妥了，并且孙姑娘也想来凑热闹，晚上跟她哥一起过来。她约李小娘子七点在桑家瓦子不见不散。

表妹事先不知道李小娘子这一安排，当李小娘子拉着她出门，说是去桑家瓦子看杂耍的时候，她高兴得差点叫出声来。表姐对她真是太好了，白天逛街给她买了一整套价格不菲的化妆品，晚上还带她去看杂技演出。这么一来，她更舍不得离开了。

李小娘子和表妹准时抵达桑家瓦子，正好孙姑娘的马车也到了。在吃喝玩乐这一方面，孙姑娘一向很守时。

孙二哥率先跟李小娘子打招呼："晚上好啊。听说你表妹明天就要离开汴京了，今晚看戏我请客，算是给美女饯行。"

　　孙二哥财大气粗，李小娘子并不打算跟他客气，点头："好啊。只是请看杂技演出吗？请不请夜宵？"

　　"不只杂技演出，我买了好几场票呢。至于夜宵，只要你们想吃，我当然请。"

　　李小娘子笑了："开玩笑的，能看几场演出已经很好了。你都买了哪些票，我看看。"

　　孙二哥展示了一下他买的几场票。分别是七点半的杂技、八点

（明）佚名《明宪宗元宵行乐图》（局部）

半的说书、九点的驯兽表演和十点的女子相扑。其中女子相扑是孙姑娘强烈要求的，瓦舍的表演林林总总，她最爱看的就是驯兽和女子相扑。

表妹看见这些门票，露出惊讶的表情，问李小娘子："这里居然有驯兽表演？"

孙二哥抢答："汴京城的驯兽表演全国闻名，很多来这儿的外国人都赞叹不已呢。一会儿你就能见到，有驯熊的、驯狗的，还有驯鹦鹉的，可好玩了。"

听孙二哥这么一介绍，表妹心驰神往。三个女生跟着孙二哥进入瓦舍，对号入座。他们聊了几句，表演也就开始了。

汴京城娱乐行业很发达，杂技的种类一年比一年多。早些年只能看到顶碗和耍枪，最多来个胸口碎大石，如今还能看到表演喷火的和高空飞跃的。表妹没看过危险系数这么高的演出，全程心惊胆战。

杂技演出结束，离下一场说书开场还有十五分钟时间。李小娘子渴了，拉着姑娘们去买饮料。桑家瓦子非常大，分好多不同的勾栏，一眼望去人山人海，有不少做生意的小贩在勾栏之间穿梭。李小娘子买了几碗荔枝膏水，喝完又赶紧带她们进去。今晚看表演的人太多了，稍不注意可能就会被人群冲散。

表妹对这么多做生意的人穿梭在瓦舍里的现象很好奇，这也是她在家乡从未见过的。

孙姑娘见表妹一直张望，好心给她"科普"："汴京城的酒楼和瓦舍包容性都很强，除了这些卖东西的小贩，还有唱曲、算卦的，理发的……总之你能想到的服务行业，这里基本都有。我哥说得对，在瓦子里你会觉得时间飞快，一整天不出去都待得住。"

表妹很向往，又问："汴京城的瓦舍是不是很多？"

"当然。除了桑家瓦子，比较有名的还有中瓦子、里瓦子、朱家桥瓦子、新门瓦子。其中要数中瓦子的莲花棚勾栏、牡丹棚勾栏，里瓦子的夜叉棚勾栏和象棚勾栏最大，能同时容纳几千个人看表演。"

"这里的瓦舍，每天都有演出吗？"

"是啊，每天都有，无论刮风下雨，从不间断。除非生意不好倒闭了。"

"噗——"

谈笑间，说书要开始了，孙姑娘带领大家入场找座位。这一场说书，讲的是关羽刮骨疗毒的故事。表妹小时候就听家里老人说过这个故事，不过在瓦舍里听说书先生说起，又是一番滋味。说书先生很会渲染气氛，表妹听得一愣一愣的，不由得膜拜说书先生的水平。

孙姑娘告诉表妹，这些演出在汴京只能算九牛一毛，有名气的艺人实在太多了，下次有机会一定要看大明星任小三的杖头傀儡戏，保证她大开眼界。

其实不用等到下次，接下来开场的驯兽表演和女子相扑已经足够让表妹大开眼界的了。驯兽就不用说了，又惊险又刺激，而且很有趣味性，驯鹦鹉的时候，表妹全程哈哈大笑。女子相扑就更让她感到意外了，她总算明白为什么孙姑娘这么喜欢看女子相扑，真的是别有风情。

表妹感叹："原来女孩子的美不只是淡妆浓抹、闺房女红，我看台上相扑的那几个小姐姐真的好'飒'，力量也是一种美啊。她们那么有气势，比男子还孔武，我都羡慕她们。"

孙姑娘点头："我也很羡慕。我要是有那么强大，谁敢欺负我我就打回去。"

李小娘子差点喷出来，孙姑娘的关注点每次都很神奇。

几场演出看完，孙姑娘还想拉着大家去逛马行街夜市，她自从上次被关禁闭之后，出门的机会不多。不过李小娘子还是委婉拒绝了，表妹明天要早起赶路，不能睡太晚。孙姑娘表示理解，只好悻悻而归。好在重阳节就快到了，届时她还有机会出去浪。想到这点，她又满血复活了。

📖 **小知识**

1. 北宋时期，瓦舍得到了空前发展，遍布全国各大城市。汴京城内比较有名的瓦舍有桑家瓦子、中瓦子、里瓦子、朱家桥瓦子、新门瓦子、保康门瓦子等。《东京梦华录》中提到，"内中瓦子莲花棚、牡丹棚，里瓦子夜叉棚、象棚最大，可容数千人"。

2. "勾栏"是指瓦舍中给观众看表演的看棚，因此后人用"勾栏瓦舍"来称呼宋朝的娱乐演出场所。在这里能看到的表演种类很多，除了文中提到的几种，还有杂剧、皮影、傀儡戏、舞蹈、滑稽戏等。

3. 相扑又称"角抵"，在北宋已经非常盛行了，女子相扑比男子相扑更受欢迎，《梦粱录》记载："瓦市相扑者，乃路岐人聚集一等伴侣，以图手之资。先以女飐数对打套子，令人观睹，然后以膂力者争交。"宋仁宗就很喜欢看女子相扑，为此司马光还特地写了一篇《论上元令妇人相扑状》上奏，说这种表演有伤风化。

4. 瓦舍门口一般都会张贴海报，上面写着演出的节目的名字、表演者的名字、表演时间等。这种海报在当时叫作"招子"。

重阳篇

本以为是父母的狂欢，没想到与我也有关

　　李小娘子这一辈的年轻人不怎么注重过重阳节，他们的狂欢日比如端午、七夕、中秋等，有好吃的好喝的，还能光明正大地组团出门玩耍。但是父母辈对重阳节可是非常重视的——九月九日重阳节，"九九"通"久久"，对他们而言，这是非常有意义的一天。

　　一到重阳日，各大禅寺都会举行斋会，寺庙中人潮涌动，热闹程度一点都不比过年差。李夫人向来虔诚，像这种斋会她是一定要去的。早几年李小娘子也跟着去过几次，她嫌人多，今年不想去凑这个热闹了。

　　这个重阳节，李小娘子没有任何安排，想安静地在家瘫着。眼看着她爸妈忙忙碌碌，她却帮不上什么忙。就拿她爸来说吧，早上起来她就看见她爸兴致盎然地指挥仆人们摆放菊花，似乎哪一盆摆在哪个地方都很有讲究。

　　李老爷是陶渊明的铁杆粉丝，从小熟读陶渊明所有的诗词散文，并且十分羡慕他老人家"采菊东篱下，悠然见南山"的生活。因此，

李老爷爱屋及乌，对菊花的痴迷溢于言表。

汴京城在重阳当天仿佛是一个菊花的盛会，各大店铺会把最新的菊花品种拿出来卖，有些罕见的颜色能卖出很高的价格。城中有专门培育菊花的大型花园，这一天也会向游客开放，供人欣赏。李家院子里原本就有不少菊花品种，但李老爷不满足，还是会在重阳一大清早上街，亲自淘宝。李小娘子看她爸这架势，应该是从街上搬回了不少宝贝。

果然，李老爷一看见女儿起床，便拉着她欣赏自己的"战果"。他给李小娘子介绍："这盆粉色的叫桃花菊，黄色的叫金铃菊，花蕊像莲蓬的叫万龄菊。这些品种的菊花比较常见，但只有重阳才会有品相最好的售卖。看那盆绿色的，全新品种，以前从来没见过。"

李小娘子指着绿色的菊花问："得不少钱吧？"

"还好，买心中所爱，贵有贵的道理。"

父女俩赏菊花聊天，不亦乐乎，全然没注意到李夫人来院子了。李夫人咳嗽两声提醒，李老爷回头，一看老婆来了，又自豪地给她介绍了一遍他新买的菊花。他问："今天汴京城最大的菊花园开门，你有没有兴趣陪我去赏花啊？"

李夫人说："兴趣是有的，只是今天我和朋友约了一起去参加斋会，斋会结束还得去开宝寺围观狮子会。"

"好吧，那你没眼福了。"李老爷又问女儿，"你呢，有空陪我去赏花吗？"

李小娘子刚想说她有空，闺密孙姑娘不期而至，笑嘻嘻出现在了她家院子里。

"你怎么这么早来我家？"李小娘子惊呆了。孙姑娘的生活"咸鱼"得很，她是没事绝不早起的人。重阳节又不是她的狂欢日，她早起凑什么热闹？

孙姑娘笑得很神秘："来接你出去玩啊。重阳不是有登高赏景的风俗吗，我们出城吧，去山上赏秋景。"

李小娘子不解："你哪来的兴致？"

"我哥他们去，我也想跟着去。但是我一个女孩子去没意思，你跟我一起吧。"

李小娘子看了一眼她爸，意思是"不是我不想陪你去赏花，我这也是临时有别的业务"。李老爷秒懂，挥挥手："那你们玩去吧。"

得了应允，李小娘子很高兴，她让孙姑娘等她一会儿，她去房间收拾一下就过来。

孙姑娘是客人，大过节的来家里，李夫人当然不好意思让人空着手回去。她招呼孙姑娘去客厅，拿了一份蒸糕给她。这蒸糕一看就很好吃，上面插着小彩旗，还撒了杏仁和栗子。这是宋人的传统，在重阳节前一天亲朋好友就互相赠送"重阳糕"了。李夫人昨天就让厨房做了一批，这一份是特地给孙姑娘留着的。

除了蒸糕，李夫人还拿了一袋水果和其他糕点给孙姑娘："你们外出登高宴饮，肯定得吃东西。这些都带着吧。"

"谢谢阿姨，你想得真周到。"

李夫人忽然想起什么，又拿了一壶菊花酒给孙姑娘，让她都带着去。李老爷爱喝菊花酒，家里每年都会酿不少。每逢重阳节的晚上，他会带上几壶去同僚家参加派对。

李小娘子很快收拾好了，她和孙姑娘带着李夫人给的一大包吃的，兴致高昂地出门了。

📖 小知识

1. 重阳节自古就有赏菊花的风俗，北宋年间汴京城有专门培育菊花的园子，重阳这一天会举办赏菊大会，对游客开放。《东京梦华录》记载："九月重阳，都下赏菊，有数种，其黄白色蕊若莲房，曰'万龄菊'；粉红色曰'桃花菊'；白而檀心曰'木香菊'；黄色而圆者曰'金铃菊'；纯白而大者曰'喜容菊'，无处无之。"

2. 北宋年间，汴京各大禅寺会在重阳节这一天举办斋会，只有开宝寺和仁王寺会举行狮子会，僧人们会坐在狮子座上听法师讲说。这两个禅寺重阳当天游客很多。

3. 从魏晋开始，重阳节喝菊花酒就成为一种传统。陶渊明在他的《九日闲居》就有提到，"余闲居，爱重九之名。秋菊盈园，而持醪靡由，空服九华，寄怀于言"。

4. 亲友间互相送蒸糕也是重阳节的传统，重阳蒸糕种类很多，如面糕、黄米糕等。宋人喜欢在蒸糕上面插小彩旗，直到现在南方有些地区依然保留着这一习俗。

与今年的秋天做个告别

　　马车缓缓离开李家大门，李小娘子坐在车上发呆，忽然觉得有点冷。自从表妹离开汴京，她已经好久没出门了。在家宅着的时候她没有发现，秋天正在离他们远去。好在出门前她加了件衣服，她妈又给她拿了件斗篷，不然一会儿到山上得冻死。

　　孙姑娘穿得多，她的斗篷尤其厚实，一看就是做足了准备的。她说："登高赏秋一向是男生们的事，他们体力好，能爬山。往年我都不凑热闹的，我哥他们一个劲撺掇我去，我就想，还是别给自己留遗憾了。过了这几天，今年就看不见漫山红叶的美景了。"

　　说起漫山红叶的景色，上次秋游的时候李小娘子就见过，确实很美。不过一想到五彩缤纷的秋天很快就要离去，李小娘子多少有些伤感。

　　马车进了闹市区，一声声叫卖拉回了李小娘子的思绪，她多愁善感的灵魂也得到了安抚。她掀起帘子一看，只见大街上好多店铺和摊子都在售卖菊花，红色、粉色、白色、黄色……应有尽有。不只菊花盆栽，还有菊花酒、菊花糕等。

　　孙姑娘拍了拍放在旁边的包袱，很得意："幸好你妈妈都准备了，不然我现在还得下车去买菊花酒还有糕点什么的。我哥特地叮嘱的，说他们要在山上一边喝酒一边赏景。"

"你那两个哥哥呢？"

"在城门口的茶铺等我们呢。不过不用急，让他们等着吧。今天街上人多，我们慢点走，安全第一。"

今天人确实很多。宋朝是一个重视节日的朝代，只要是个节日，基本都会放假。据统计，宋朝每年的法定节假日多达一百多天，其中春节、寒食、冬至等大节日放假七天，上元、中元、夏至等节日放三天，以及春分、端午、七夕、重阳这些小节日各放假一天。一放假，大家自然也就出门了。

而且重阳节的街上能看到一幅非常奇妙的画面，来往的男人基本都簪花，女人簪花的却极少。大大小小的酒楼在这一天也都焕然一新——店家们用菊花扎成门户，以庆祝节日。

看着那些簪花的男人，孙姑娘后知后觉想起一个事。她从包里拿出两个香囊，递了一个给李小娘子："这是我妈给我的茱萸囊，里

面装了茱萸子。我妈说，我们去山里，戴着这个可以驱虫辟邪。"

"你妈妈想得真周到。"

"她也是经我爸提醒才想起来的。今天一早我还看她穿戴一新，出门会友去了，说是约了去看狮子会。"

"真巧，我妈也跟朋友去看狮子会了。每年重阳我爸妈都很忙，我爸你看见了的，一直折腾他新买的菊花呢。"李小娘子问，"对了，你爸呢，今天啥活动？"

孙姑娘想了想："我不太清楚，听说是要去宫里参加宴会，射箭宴饮什么的。"

李小娘子也听说过，重阳节的宫廷聚会，好像是有射箭这么一项活动。

她们聊着天，车慢慢行驶过闹市区，到了城门口。孙姑娘下马车，去茶铺喊了正在等她们的两个哥哥，大家优哉游哉出城去了。

为了避开人群，孙大哥这次特地选了离汴京城稍远的一处山丘，那儿的山不怎么陡，适合带女孩儿们一同出游。去年他们去过一

（北宋）郭熙《溪山秋霁图》

次，觉得那里比起愁台、梁王城、砚台等著名登高景点，风景并不差多少。

两个姑娘今天穿得都比较干练，方便爬山。她们本以为山路会非常难走，到了目的地才发现其实还好，山路相对宽敞。更难得的是，一路走来他们碰上的游客没那么多，不用跟太多人分享同一处风景。

很快，大家爬到了山顶。孙大哥指着远处的红叶，对两个女生说："你们看那边，枫叶还是很漂亮的。不过这已经是今年最后的秋色了，过了重阳节它们就都要凋谢了。"

李小娘子说："那就趁它们还没凋谢，我们好好喝酒赏景吧。"

孙二哥找了一处平坦的大石头，打扫干净。孙姑娘拿出一块绢布铺在石头上，然后把李夫人给的菊花酒和吃食在上面一一摆放好。大家席地而坐，就着糕点边聊天边喝酒。

孙小姐抱怨："这山上还是有点冷的，幸好我们都带了斗篷。"

"前天霜降，再过不久就立冬了，天气会越来越冷。"孙大哥说，"冬天你就别想出门浪了，好好在家练字吧。"

一提到练字，孙姑娘就闭嘴了，她根本不想接这茬。

一阵风吹来，几片树叶打了个卷，轻轻落在了地上。李小娘子看着这最后的秋色，心想，冬天是真的要来了啊。怪不得古人将重阳登高称为"辞青"，可不就是要跟漫山的生机告别了嘛。

大家举起酒杯："来，一起告别秋天。等明年春暖花来，我们再出来踏青吧。"

📖 小知识

1. 宋太祖规定重阳节放一天假，宋神宗继位后将重阳假期延长到了两天。

2. 汴京各大酒楼在重阳节都会重新布置门前的装饰，用很多菊花扎成拱门，装饰窗户。《东京梦华录》记载："酒家皆以菊花缚成洞户。"

3. 古代民间有重阳登高的习俗，因此重阳节又被称为"登高节"。这一天大家会去爬山登高，就地宴饮，赏秋景，插茱萸。茱萸可以入药，有驱虫辟邪的作用，古代的妇人和儿童都会随身佩戴茱萸囊，男子则会直接将茱萸插在头上。如王维诗中所写，"遥知兄弟登高处，遍插茱萸少一人"。汉朝的《西京杂记》也有记载："九月九日，佩茱萸，食蓬饵，饮菊花酒，云令人长寿。"

4. 因九九重阳有长长久久的意思，现如今重阳节又被赋予了一个新的含义——敬老节。这一天很多人会去探望家中老人。

诗

词

篇
一

到了冬至，汴京城迎来了今年的第一场大雪。这场雪比过去几年的都要大，纷纷扬扬下了三天。雪停的时候，整座城银装素裹，白茫茫一片，又壮观又梦幻。

由于天气寒冷，李小娘子近两个月都在家当宅女。外面实在太冷了，而且雪天路滑，还是在家抱着暖炉看书来得舒服。她家院子大，在家里就能欣赏美丽的雪景。于是，李小娘子最近的日常就是，焚香看书，写诗作词，抚琴画画……

就比如现在，她正悠闲地坐在窗边赏雪喝茶，婢女来找她，说是她哥的书童来传话，让她去一趟。

李小娘子纳闷："去他家？难不成他又办什么雅集了？"她太了解李郎了，下这么大的雪，他怕是心血来潮想搞个文艺范儿的聚会。

果不其然，婢女点头："说是准备弄一个雪中诗会，邀请了不少文人朋友，让你也去呢。马车已经在门口等着了。"

李小娘子毕竟是汴京文艺女青年中的翘楚，但凡有类似的活动，李郎肯定不会忘了她的。正好李小娘子在家也宅够了，趁着现在雪景好，倒是可以出去活动活动。她换了身厚衣服，披了大斗篷，抱了个暖手炉出门了。

李郎这次举办雅集的地点还是在他家院子里的湖心岛，不同的是，以往得划船上岛，现在天寒地冻，湖水都结冰了，可以直接走过去，反正也就十几米距离。

（南宋）刘松年《秋窗读书图》（局部）

　　李小娘子在仆人的带领下，小心翼翼走过冰面，上了湖心小岛。她没想到的是，这么大冷的天，来赴会的人还挺多。有她认识的赵公子和赵家表妹，还有其他几位李郎的老朋友。大家见她进来，友好地打招呼。

　　李郎先焚了个香，叫"雪中春信"，很应今天的景。

　　"既然人都来齐了，那我们就开始吧。"李郎说，"这一炉雪中春信，寓意是雪中盛开的梅花，等候春天到来。我们就以此为题，自由赋诗吧。"

　　在座的都是汴京小有名气的文化人，这个难度的诗词对大家都不是难事。不过十分钟时间，陆续有人"交作业"了。李郎让大家一起当评委，互相投票。最终，李小娘子的五言诗夺得本轮冠军。

　　李郎很骄傲："我妹妹不愧是才女，赋诗水平越来越高了。"

　　李小娘子谦虚："过奖啦，大家给面子而已。第二轮呢，我们考什么？"

　　赵公子提议："这样吧，第一轮赢的人出第二轮的题，以此类推。"

　　"好啊。"李小娘子接下这个任务，她四周扫视一圈，说，"我们现在都在湖中心的小岛上，不如就以湖为主题，大家来写词吧。词牌名是《如梦令》。"

　　"可以。"

　　领了任务，大家又丌始埋头作词。李小娘子作为评委稍微轻松些，她趁着空当给大家泡了茶。茶饼是她春天自己晒的，水是李郎去年埋在地下的高山雪水。大家品了茶，不由得夸赞李小娘子的手艺。

　　第二轮比赛，李郎毫无悬念胜出。于是他接着出题："既然大家刚喝了茶，那这第三轮就以茶为题，词牌名就用《生查子》吧。"

　　李小娘子身为茶道高手，这种题目对她来说简直小菜一碟，不到十分钟她就放下笔了。等到大家都写完，互相传阅彼此写的词，李小娘子又得到了一致夸奖。

　　赵家表妹说："你们兄妹俩还让不让别人活了，长得好看还这么有文化，每次都赢我们。太嫉妒了。"

　　马上有人附和："是啊是啊，他们李家人才辈出，李小娘子的父亲书画一绝，在汴京城也是颇有名望的。就像东晋时期的谢家一样。遥想当年下雪天，谢道韫一句'未若柳絮因风起'至今仍然是绝唱啊。"

　　李小娘子脸一红："不敢当不敢当，我怎么敢自比才女谢道韫呢。不过她确实是我的偶像。"

　　寒暄了一轮过后，李郎说先休息一下，半个小时后继续。他吩咐书童上茶点，李小娘子也帮着李郎一起泡茶招呼大家。

　　不一会儿，雪又下大了。

📖 **小知识**

1. 古人的雅集一般指文人雅士坐在一起吟诗作词的聚会。和普通聚会不一样，雅集侧重以文会友，艺术性更强。历史上比较有名的雅集，如王羲之的兰亭雅集，白居易的香山雅集，苏轼黄庭坚等人的西园雅集。

2. 宋代画家李公麟的《西园雅集图》画的就是苏轼等人在驸马都尉王诜府上参加雅集的场景，画中人有吟诗的、作词的，还有弹琴的。

3. 谢道韫，东晋著名才女，出自当时最大的望族之一谢家。某日谢家聚会，谢安指着大雪让子侄辈赋诗，谢道韫一句"未若柳絮因风起"流传至今。这一故事被收录在《世说新语》中。

新 年 篇

除夕夜的爆竹声，千年前就有了

　　不知是不是因为天冷习惯宅家，李小娘子觉得这个冬天过得特别快，一眨眼这一年就过去了。

　　除夕当天一早，婢女拿出一套崭新的衣裙，对李小娘子说："我一早去取回了你定做的新衣服，快来试试合不合身。"

　　"一会儿再来试吧，先去看看我爸妈在干吗。"

　　春节她爸可以休一个长假，按照惯例，除夕这一天她爸妈都会待在家，盯着"四司六局"安排家中大小事。她走到厨房门口，果然看见李夫人在指挥大家干活。

　　"灶台擦干净点，还有柜子，里外都得打扫。旧碗筷挑出来扔了，年后换新的。"

　　看见女儿来了，李夫人拉着她问："衣服试了吗？明天得穿着去拜年，万一不合身现在送去改还来得及。"

　　李小娘子说："其实都不用试，上次量了尺寸做的。而且我年年在那家店做衣服，他们家裁缝的手艺靠得住。"

　　李夫人事情多，懒得管她。她一会儿还得去佛堂，清洁神龛是除夕最重要的事情之一。每年新年拜祖先，神龛是不能有一点灰尘的。

李小娘子见她妈这风风火火的样子，很不解："交给他们去办就行了，你还得事事亲自盯着啊？"

"我正好今天没事。再说了，除夕这么重要的日子，不亲自看着我不放心。走吧，我们去门口挂桃符。"

所谓"挂桃符"，就是把画着神荼和郁垒两位门神像的桃木板挂在大门口，用以镇住妖邪。每年除夕，家家户户门口都会用新的桃符来替换去年挂上的。自宋代开始，这一习俗在民间日益兴盛。我们现如今贴门神的习俗，就源自挂桃符。

李小娘子知道她妈最看重这些传统习俗，便拿着婢女给她的桃符，陪她妈一起去挂上。

家里院子大，打扫起来就比较麻烦。大家忙里忙外，从上午一直干到下午，总算把清扫工作完成了。李夫人上上下下检查了一遍，非常满意。接下来，她就该盯着厨房准备丰盛的晚餐了。

李小娘子问她妈："怎么不见我爸？"

"他说出门有点事。"

正说着李老爷，李老爷就回来了，跟着他的随从拎着一个包袱。李小娘子以为他是去买东西了，问包里是什么。

李老爷说："去给我朋友高先生送了点屠苏酒，这是他回赠给我的饺子。他们家厨娘包饺子可好吃了，今天我们算是有口福了。"

"先交给厨房吧，我们可以守岁的时候吃。"

"行，都听你们的。那接下来没我什么事了吧？我就等吃晚饭了？"

"吃晚饭之前还得拜祖先呢，你先去歇着吧，晚饭开始了我叫你。"

李小娘子看着她爸妈一唱一和的，心想反正也没她什么事了，于是心安理得回房"瘫"着了。

天渐渐黑了，没过多久，最令人期待的除夕晚宴开始了。李小娘子一家围坐在桌子前，吃着厨师特地烹饪的美食，喝着屠苏酒，说着吉利话。差不多他们吃完饭，外面传来了响彻云霄的爆竹声。

"一定是官里开始放爆竹了。"李老爷说。

官里的除夕夜必然是最热闹的，每年这个时候，汴京城几乎人人都能听见官中的爆竹声，这意味着，除夕的狂欢要开始了。

等到官中的爆竹声结束，大街小巷噼里啪啦响个不停，大人小孩都去外面放爆竹了。放完爆竹他们就要围坐在一起守岁，等待新一年的到来。

📖 小知识

1. 除夕当天挂桃符、清理神龛、祭拜祖先、燃放爆竹、守岁等都是宋朝就有的习俗。《梦粱录》记载："净庭户，换门神，挂钟馗，钉桃符。"《东京梦华录》记载："是夜，禁中爆竹山呼，闻声于外。"

2. 宋朝就有饺子，只不过那时候的饺子被称为"角子"，自南北朝就有了。除夕吃饺子代表大家对新年的美好期待。

3. 饮屠苏酒是宋朝新年的另一习俗。传说屠苏酒是由华佗发明的，配方包括大黄、白术、桂枝、防风、花椒、乌头、附子等中药材。

宋朝人过新年，还可以这样玩

　　正月初一的一大清早，李小娘子就起床了。她非常细致地给自己化了个美美的妆，戴上了花冠，换上昨天刚取回来的那身隆重的新衣服。穿戴完毕，她在镜子前转了个圈，非常满意。

　　李夫人派人来催了三四次，李小娘子才慢悠悠到了客厅。

　　"怎么才出来啊，走吧，我们得拜年去了。"李夫人话说到一半，见女儿一身打扮，满意之余又有些疑惑，"我们去拜年而已，你要穿这么隆重？"

　　"新年隆重不好吗？"

　　"好是好。算了，走吧。"

　　李小娘子跟着爸妈出门了。她没告诉她们，她打扮成这样，是因为孙姑娘约了她，拜完年一起玩关扑去。

　　关扑是北宋最流行的一种赌博游戏。虽然宋朝禁赌，但是从正月初一开始的三天内，关扑是合法的！也正因为如此，每年的这几天，全汴京城都在玩关扑。李小娘子很喜欢玩，并且手气特别好。孙姑娘是关扑新手，她早就对李小娘子的技术顶礼膜拜了，因此几天前她就跟李小娘子约好，新年的傍晚一起去潘楼街玩关扑，过足瘾再回来。她两个哥哥也会去，所以不用担心赌资不足的问题。

马车走了一小段路，李小娘子不停地往外面看。只见新年的街上十分热闹，拜年的人和马车来来往往，还有不少穿着新衣服在路边嬉戏玩耍的小孩子。

很多大户人家门口都挂了红纸袋，上面写着"接福"二字。早些年李小娘子不知道这是什么意思，问她爸，她爸说，在朝中任职的人事务繁忙，而且新年这一阵子他们应酬太多，没有办法向所有亲戚朋友拜年，只能派人拿着自己的贺卡代为拜年。一来二去，大家就在门口挂了红纸袋，专门用以接收拜年的贺卡。

李小娘子家的大门口也挂了这么一个接福袋。她爸的同事太多，她妈也有不少朋友，没办法一一拜年问候。他们现在要去的是几个长辈家，还有她大伯父家，然后还得去她爸的领导家送贺卡。小时候被父母拉着出门拜年她没什么感觉，现在想来，拜年也是一件挺累的事。

在爸妈的带领下，李小娘子把汴京城走了个遍，总算完成了拜年任务。好不容易熬到傍晚，李小娘子按捺不住激动的心情，美滋滋出门了，她最期待的关扑大戏即将到来。

李小娘子照例坐马车去了潘楼街。这一路走来，她看见很多主街道都扎起了彩棚，数量比去年更多，也更大。彩棚下面都是摆摊的，卖的东西琳琅满目，大部分是女孩子用的各种首饰、衣服、胭脂水粉，还有香囊这些小玩意儿。

李小娘子想着新年到了，得给闺密准备份礼物。于是她下了马车，挑了几件好看的头饰，让摊主包好。

马车继续向前行驶，快到潘楼街的时候，街道开始拥堵，因为附近的瓦舍有新年特别场的演出。这个时候的演出门票非常难买，